I

CONSIDÉRATIONS

SUR

L'AUTORITÉ ROYALE

ET SUR

LES ADMINISTRATIONS LOCALES.

CONSIDÉRATIONS

SUR

L'AUTORITÉ ROYALE,

EN FRANCE,

DEPUIS LA RESTAURATION,

ET SUR

LES ADMINISTRATIONS LOCALES.

PAR

J. F. D'AUBUISSON DE VOISINS,

CHEVALIER DE L'ORDRE ROYAL ET MILITAIRE DE SAINT LOUIS, MEMBRE
DU CONSEIL MUNICIPAL DE TOULOUSE, etc., CORRESPONDANT DE
L'INSTITUT DE FRANCE, etc., etc.

> Lorsque, de mes montagnes, je me mets à considérer
> l'ensemble de notre situation politique, ce qui m'effraie
> le plus, c'est l'abaissement survenu progressivement,
> et d'année en année, dans tout ce qui tient à la majesté
> royale. (MONTLOSIER. *Monar. franç.*, le 1.er mars 1822.)

PARIS,

CHEZ PONTHIEU, LIBRAIRE,

AU PALAIS ROYAL.

—

DÉCEMBRE 1825.

AVERTISSEMENT.

FRANÇAIS autant qu'on peut l'être; convaincu, par une longue étude de l'histoire et des hommes, qu'un gouvernement monarchique sagement limité convient seul à la France; plein d'une religieuse vénération pour la mémoire d'Henri IV et de Louis XIV; pénétré d'un respectueux attachement pour leurs successeurs, au service desquels j'ai été voué dès mon enfance, je les ai vus, avec une satisfaction inexprimable, remonter sur un trône à l'ombre duquel ma patrie s'était élevée au plus haut point de gloire, de civilisation et de prospérité qu'aucune nation eût encore atteint à l'époque où il fut renversé.

Depuis cette heureuse restauration, j'ai suivi la marche de leur gouvernement, avec un intérêt particulier, et j'ai éprouvé un vrai sentiment de peine en voyant leur autorité s'affaiblir progressivement, et tendre à une ruine complète. Je voyais, ou je croyais voir, les causes de ce mal, et ce qu'il eût fallu faire pour le prévenir. Plein de ces idées, je les jetai sur le papier, en 1822, et j'écrivis un ouvrage *sur l'Autorité royale, en France, depuis la restauration.*

D'après sa nature, comme d'après mes principes, il ne pouvait être publié. J'en extrais aujourd'hui ce qui concerne les faits, ainsi que les causes qui me paraissent les avoir produits ; et je donne plus de développement à ce qui est relatif aux administrations locales, objet maintenant en grande controverse, et sur lequel j'ai quelque expérience.

Dans quel esprit cet ouvrage a-t-il été écrit ? Dans l'esprit de vérité : j'ai cherché par-dessus tout à être vrai, et à voir les choses dans leur exacte réalité, faisant abstraction de tout système, et même de tout désir. Dans quel intérêt a-t-il été conçu ? Dans le seul intérêt de l'autorité royale, que je crois être, en France, l'intérêt général. Je suis d'ailleurs entièrement étranger à toute espèce de parti ; depuis le commencement de nos dissentions civiles, je n'ai connu que celui du Roi ; et le Roi, chez nous, est le chef, non d'un parti, mais de la nation ; il est le représentant de la chose publique (*Rei publicæ*).

CONSIDÉRATIONS

SUR

L'AUTORITÉ ROYALE,

EN FRANCE,

DEPUIS LA RESTAURATION,

ET SUR

LES ADMINISTRATIONS LOCALES.

INTRODUCTION.

En 1814, la force physique, qui avait élevé Bonaparte sur le trône, le renversa.

A peine la compression eut-elle cessé, que des cœurs courageux et fidèles, dévoués à la famille de ces Souverains qui avaient fait tant de bien à leur patrie, manifestèrent hautement les sentimens qui les animaient : des cris de *Vive le Roi!* se firent entendre à Paris, comme ils avaient déjà retenti dans Bordeaux ; les anciens souvenirs se réveillèrent (1); les circonstances furent favorables, et Louis XVIII reprit le sceptre de ses aïeux.

Établissement de la loi constitutionnelle.

---

(1) « .... Ce n'est rien de tout cela qui m'a renversé, disait Bonaparte à
» Sainte-Hélène; mais cinq cent mille hommes tout à coup aux portes
» de la capitale, une révolution encore toute fraîche, une crise trop

D'après quelle base allait-il régir l'État ? L'ancien gouvernement de nos Rois n'existait plus ; ses débris étaient dispersés, plusieurs avaient péri de vétusté : la reconstruction était impossible, et personne n'y songeait ; en France sur-tout, on ne remonte pas le courant des âges.

On n'en pensait pas moins cependant que le Roi allait agir avec une pleine puissance. La généralité de ceux qui avaient vu l'ancien régime s'y attendait ; et la masse de la nation, que Bonaparte n'avait pas gâtée dans ses rapports avec l'autorité, croyait que le Roi allait en exercer une semblable.

Peut-être même alors un véritable homme d'état

» forte pour des têtes françaises, et sur-tout une dynastie pas assez » ancienne. *Je me serais relevé du pied même des Pyrénées, si seule-* » *ment j'eusse été mon petit-fils.* — Et ce que c'est pourtant que la » magie du passé !.... Dès que les anciens ont reparu, les Français sont » retournés aux idoles.» (*Mémorial de Sainte-Hélène,* tom. 2, p. 433.) Jamais hommage plus formel a-t-il été rendu au pouvoir de la légitimité, et par une bouche moins suspecte ?

Autre exemple de ce que peuvent les anciens souvenirs sur les peuples. Une révolution fait perdre aux Stuarts la couronne d'Angleterre : 57 ans après, le petit-fils du dernier Roi débarque, lui huitième, en Écosse ; le peuple le reçoit comme un libérateur, lui fournit des armes et des soldats, Édimbourg lui ouvre ses portes ; il bat à trois reprises les troupes qu'on envoie à sa rencontre, et il s'avance jusqu'à 25 lieues de Londres. Peut-être alors quelques marches de plus, et si on ne l'eût combattu avec de mercenaires étrangers, il remontait sur le trône de ses pères. Défait, sa tête mise à prix, ses partisans victimes de la plus horrible cruauté, il erre encore six mois dans le pays, et mille individus y compromettent leur vie pour sauver la sienne : personne ne veut trahir le fils de ses anciens Rois, eût-il remarqué qu'on trouvait, en France, une constitution résultat final des essais faits depuis vingt-cinq ans, d'après les opinions généralement répandues dans la nation ; qu'elle était ce que sera toute constitution stable, les constitutions antérieures modifiées par le laps du temps ; qu'elle était compatible avec la royauté des Bourbons, et que les effets en étaient parfaitement connus. Toutefois, on eût rendu le libre exercice à ses diverses parties, et l'on y eût fait quelques modifications indispensables, tels que l'érection d'une chambre héréditaire.

Mais le sénat, mû par son intérêt particulier, voulant assurer son existence et s'étayer de toute la révolution, rédigea un *acte constitutionnel*, et décréta que le Roi, avant de prendre les rênes du gouvernement, serait tenu de s'y soumettre par serment.

L'opinion publique s'éleva contre un tel procédé : Louis XVIII rentra aux applaudissemens universels des Français, et sans faire aucune soumission. Il déclara seulement qu'il donnerait une constitution ; il en fit connaître les bases, c'était à peu près celles de l'acte sénatorial, et bientôt après il publia la *Charte constitutionnelle*.

Avant de me permettre quelques observations sur cette loi fondamentale, j'aurai à examiner les besoins de la France au moment de la restauration, ainsi que les opinions et les mœurs du peuple à

Plan de l'ouvrage.

gouverner. Je traiterai ensuite, et successivement, de la marche ou de la jurisprudence à suivre avec la nouvelle forme de gouvernement ; du Roi et de son action première, comme partie du pouvoir législatif et comme pouvoir exécutif; et des variations que son autorité a subies. Enfin, je passerai aux administrations locales ; et, après quelques vues sur les institutions sociales, je hasarderai mes idées sur les administrations municipales et départementales.

Note. Lorsque l'occasion s'en est présentée, j'ai ajouté au texte des notes renfermant des détails ou des observations : elles étaient trop courtes pour être renvoyées à la fin de l'ouvrage, et en général trop longues pour être placées au bas des pages.

PREMIÈRE PARTIE.

CONSIDÉRATIONS SUR L'AUTORITÉ ROYALE.

CHAPITRE PREMIER.

DES BESOINS DE LA FRANCE A LA RESTAURATION.

Après vingt-cinq ans de révolutions et de guerres, Tranquillité. les Français, ballottés et tourmentés dans tous les sens, avaient par-dessus tout besoin de repos. Opposés les uns aux autres par des intérêts, des vanités et des prétentions contraires, il fallait d'abord calmer les haines, porter la paix dans la famille, et ramener autant que possible l'union entre des frères.

Toutes nos anciennes institutions avaient été Stabilité. renversées de fond en comble, leurs vestiges même n'existaient plus : celles qu'on leur avait substituées étaient successivement tombées. Cette instabilité et la crainte qu'elle ne se continuât, tenaient tous les esprits en suspens et dans l'anxiété; on ne jouissait pas avec confiance de son existence et de son bien : le père était inquiet sur l'avenir de ses enfans, le négociant manquait de bases pour asseoir ses spéculations, celui qui par son industrie et par ses travaux s'était fait un état craignait de le perdre : tous désiraient enfin un ordre stable. C'est l'espoir d'en jouir sous la domination des Bourbons, qui les a fait accueillir si volontiers par la masse de la nation. Elle a été pleinement rassurée, et elle s'est cru enfin arrivée au terme des révolutions, en entendant le Lieutenant général du Roi lui dire, avec autant d'esprit que de bonne politique : *Rien n'est changé en France, sinon qu'il y a un Français de plus.*

Justice.

Je ne mettrai pas au nombre des besoins de la patrie une *stricte et impartiale justice* entre tous les citoyens, quelles qu'aient été et quelles que soient encore leurs opinions politiques ; ce serait superflu. Assurer une telle justice a été toujours le premier devoir des Rois de France, le serment qu'ils font en prenant la couronne, celui que Charles X vient de répéter.

Liberté.

Que sous le sceptre protecteur des Bourbons, chacun jouisse, en paix et avec pleine sécurité, de ses droits et de ses propriétés ; que la force publique, entière s'il le faut, soit toujours là pour les lui garantir ; qu'il ne soit soumis qu'à des lois préalablement et authentiquement publiées ; qu'il n'ait à rendre compte de sa conduite qu'aux organes de ces lois, et que ces organes forment dans l'État un pouvoir indépendant : c'est, je pense, toute la vraie liberté, toute la liberté réelle que peut raisonnablement désirer l'homme réuni en société. La liberté, dit Montesquieu, est le droit de faire tout ce que les lois permettent ; j'irai plus loin encore, c'est le droit de faire tout ce qu'elles ne défendent pas. Cette liberté aura encore quelque chose au moins de plus spécieux, si les lois sont consenties par les notables de la nation, ou par leurs députés ; les trois pouvoirs étant ainsi séparés, la *liberté politique* sera établie dans l'État, encore au jugement de Montesquieu.

La participation des peuples au gouvernement de l'État est donnée comme un des besoins de la société actuelle, par de nouveaux publicistes ; quelques-uns même la regardent comme un droit du citoyen ; et, en définitive, la liberté n'est à leurs yeux que cette participation.

Participation au gouvernement.

Je m'explique à ce sujet.

On pourrait peut-être dire qu'exercer le pouvoir et commander à ses semblables est un désir de la plupart des hommes. Mais ce sentiment n'est pas particulier à l'époque actuelle ; il est de toute ancienneté : *Vetus ac jampridem insita mortalibus potentiæ cupido* (Tacite) : il est tellement inhérent à la nature humaine, que quelques philosophes n'ont pas craint de mettre au rang des lois naturelles une tendance dans les hommes à se subjuguer les uns les autres. La société ne serait alors établie que pour prévenir les maux résultant de cette tendance, que pour protéger le faible contre le fort ; ainsi, lors même que l'exercice du pouvoir serait un besoin naturel, il ne saurait être regardé comme un droit du citoyen, c'est-à-dire, de l'homme en société : le pouvoir ne peut y être que pour quelques-uns, et la liberté, comme le bien-être, doit y être pour tous. Toutefois, il n'est que trop vrai que la plupart de ceux qui invoquent la liberté, qui en profanent si souvent le nom, n'ont que le pouvoir en vue : mais ce n'est que pour eux qu'ils le veulent; il est exclusif de sa nature, et il perd de son attrait lorsqu'il est partagé.

Certainement il y a, en France aussi, des ambitieux qui désirent vivement participer au gouvernement, y prendre le plus de part possible, et qui, par suite, réclament de tous leurs moyens les formes et les institutions qui leur offrent le plus de chances de succès : mais il n'est nullement de l'intérêt ni du désir général que ces ambitions particulières soient satisfaites. On doit cependant remarquer, qu'indépendamment de ces cas particuliers, la haute classe de la société, accoutumée depuis quarante ans à la discussion des affaires publiques, ayant plus ou moins participé à leur direction, désire conserver ce qu'une longue possession semble devoir lui assurer, et il serait impolitique de chercher à l'en dépouiller. Mais il n'en demeure pas moins vrai, que c'est uniquement dans l'intérêt général que la participation doit être réglée, tant pour le degré de participation, que pour le nombre et la qualité des participans. Il est trop dur et trop rigoureux de dire, avec un vieil adage :

« Tout pour le peuple, et rien par le peuple|; »
mais on peut très-bien remarquer, que le bien-
être du peuple est l'objet essentiel, et que tout le
reste doit lui être subordonné.

Note. On se moque des peuples, lorsqu'on leur dit que
dans nos gouvernemens représentatifs ils participent, par eux
ou par leurs députés, à l'exercice du pouvoir, et même à la
confection des lois. En France, sur trente millions d'habitans,
il n'y en a pas mille (1 sur 30000) appelés au gouvernement de l'État, c'est-à-dire, aux conseils du Roi et aux chambres législatives ; il n'y en a pas quatorze mille (1 sur 2143)
qui puissent être appelés à ces chambres, qui soient *éligibles ;*
il n'y en a pas cent mille (1 sur 300) qui soient *électeurs,*
c'est-à-dire, qui aient, chaque sept ans, le très-mince droit
d'aller mettre dans une urne le nom d'un *éligible :* si c'est là
de la participation au gouvernement, il faut convenir qu'elle
est bien petite, et qu'on peut bien ne voir en elle qu'une faible
illusion ; et encore cette illusion n'existe-t-elle pas pour tout le
restant de la nation, pour les 997 millièmes, ou, si l'on
veut, pour les 99 centièmes des Français. Aujourd'hui, comme
autrefois, cette presque totalité de la nation n'a pas le
moindre droit politique, et doit subir la loi d'un petit nombre
de privilégiés de la fortune. Jadis c'étaient les évêques, les
comtes, les barons, les principaux magistrats du royaume,
etc., appelés aux plaids ou synodes de nos Rois, et puis aux
états-généraux, avec les chefs des communes ; c'étaient cent,
mille, ou deux mille individus ; maintenant ce sera quatorze
mille. Je ne sais si, sous aucun rapport, la masse de la nation
aura beaucoup gagné à cette augmentation dans le nombre des
gouvernans ? Pour ceux-ci, pour les quatorze mille qui peuvent le devenir, on ne met pas même en question l'avantage
qu'ils ont au changement.

Si la liberté n'était que la participation au gouvernement,

il n'y aurait donc pas d'hommes libres à Manchester, Birmingham, et autres villes très-populeuses de l'Angleterre, qui n'ont pas même le droit de nommer un député au parlement ? Il ne saurait même y en avoir dans aucun gouvernement représentatif, au jugement de ces publicistes de l'antiquité, qui ne voyaient de liberté que dans l'exclusion de la royauté, et dans la pure démocratie (1).

Qu'on me permette d'émettre une opinion. La liberté est la faculté donnée, par le Créateur, à l'homme d'agir selon sa volonté. Cette faculté ne saurait être absolue que dans l'homme considéré isolément : elle est nécessairement restreinte du moment qu'il entre et vit en société. Il en sacrifie une partie pour jouir de l'autre avec plénitude et sécurité. Dans un État civilisé, c'est la loi qui règle la portion à sacrifier, et la partie qui ne l'est pas devient un *droit*. La loi restreint donc la liberté primitive : mais, dans l'intérieur du cercle circonscrit, l'homme doit pouvoir agir à son gré, et disposer pleinement de sa personne et de sa propriété. Moins le cercle sera restreint, plus le citoyen s'y mouvra à sa volonté, et plus il sera libre. Il peut être troublé dans l'exercice de sa liberté, soit par le dépositaire du sacrifice fait, le gouvernement avec ses agens, qui emploîrait à gêner ses mouvemens ou ses droits le pouvoir qui lui a été confié pour en assurer le libre usage ; soit par des citoyens ou des masses de citoyens (des voleurs, une populace insurgée, etc., etc.) qui attenteraient à sa vie, à sa liberté ou à sa propriété. La législation, tant civile que politique, qui préservera le plus le citoyen de ce double danger, qui, en même temps, assurera la stabilité de cet

---

(1) *Itaque nullâ aliâ in civitate, nisi in quâ populi potestas summa est, ullum domicilium libertas habet... quæ si æqua non est, ne libertas quidem est. Quî autem æqua potest esse omitto dicere in regno... sed in istis civitatibus, in quibus verbo (tantùm) sunt liberi omnes ; ferunt enim suffragia, mandant imperia... sed ea dant... quæ ipsi non habent... expertes imperii.* (Cic. *de Republicâ.*)

ordre de choses sur des bases naturelles, et qui garantira le plus à la nation son indépendance envers les nations étrangères, sera la meilleure. Tel me paraît être en définitive le problème à résoudre en fait de gouvernemens : la question, posée de toute autre manière, ne me présente plus que sophismes et vaines discussions. Je remarquerai, que des quatre garanties que je viens de mentionner, les publicistes de l'école dite libérale ne cherchent guère à assurer que la première, celle qui est dirigée contre le gouvernement.

Les écrivains, les journalistes sur-tout, ne cessent de mettre au rang des besoins de la société actuelle la liberté de la presse; c'est, disent-ils, la première et la plus précieuse des libertés publiques. Ils ont bien leurs raisons pour parler ainsi; mais leur intérêt particulier est si évident, que, dans cette affaire, leur témoignage peut bien être récusé : nul ne doit être pris pour juge dans sa propre cause.

Liberté de la presse.

Examinons les faits dans toute leur réalité.

Dans quelques-uns de nos départemens, il n'y a pas même de presse, ou la seule qui y existe n'imprime que des arrêtés du Préfet, des tableaux pour la régie des droits réunis, etc., et de loin à loin quelques livres de dévotion. Qu'on se rappelle qu'un administrateur, d'ailleurs homme de lettres, consulté par un Ministre (M. de Blacas) pour savoir si on lisait beaucoup de brochures politiques dans son département, répondit, qu'on en sèmerait sur les chemins, et que personne ne les ramasserait. Il n'y a pas en France cent mille individus qui lisent

des journaux; et encore comment les lisent-ils? Il
n'y en a pas vingt mille qui y portent intérêt, qui
y attachent quelque importance : et c'est pour une
portion si minime de la nation, pour un intérêt si
particulier, qu'on avait établi, il y a quelques
années, un tribunal d'exception! Cette liberté
serait mise, pour ses garanties, au-dessus de la
liberté individuelle, qui intéresse tous les habitans
du royaume! au-dessus du droit de propriété, qui
en intéresse le plus grand nombre! Ce sont sur-
tout ces deux derniers droits que les Souverains
doivent respecter : c'est pour y avoir attenté, par
ses conscriptions extraordinaires, par ses reprises
sur des conscrits déjà libérés, par ses réquisitions
arbitraires, etc., que Bonaparte avait détaché de
lui la masse de la nation, détachement qui a aussi
contribué à sa chute.

Mais, disent les écrivains, ce n'est pas seulement
dans notre intérêt; c'est encore dans l'intérêt général que nous défendons la liberté de la presse.
Je m'arrête un instant sur cette question. La
presse, ou l'invention de l'imprimerie, a multiplié
les jouissances de l'esprit, elle a étendu la sphère
de l'intelligence humaine; ainsi, et incontestablement, c'est une belle et heureuse invention. Mais
est-elle particulièrement avantageuse à nos sociétés
politiques? On peut en douter. Dans toutes ces
sociétés, il y a une lutte, ou tendance à une lutte,
entre ceux qui n'ont pas et ceux qui ont : presque

partout, les premiers sont les plus nombreux ; ainsi en Angleterre il y a plus de prolétaires que de propriétaires. Les institutions sociales ayant principalement pour objet le maintien de l'ordre existant, sont à l'avantage de ces derniers ; elles suppléent le nombre. Naturellement les autres, ceux qui n'ont rien ou qui n'ont que très-peu, tendent à renverser un rempart garant de leur infériorité, et par conséquent à révolutionner l'État. La presse, fournissant un nouveau moyen d'attaque, vient à leur secours ; c'est une arme plutôt offensive que défensive : cent volumes de sermons n'ont pas détruit le mal fait à la Religion par dix volumes de Voltaire ; les principes conservateurs de l'*Esprit des lois* ont été sans effet devant les maximes subversives du *Contrat social*. A plus forte raison, la presse sera-t-elle à l'avantage des gouvernés contre les gouvernans : de là, l'antipathie que ceux-ci ont contre sa liberté, antipathie dont tous les gouvernemens, tous les ministères, même les plus libéraux, qui se sont succédés depuis notre révolution, ont laissé des preuves. Mais enfin la presse existe ; c'est une nécessité qu'il faut subir, et dont les gouvernemens doivent tenir compte : si son invention est à leur désavantage, celle de la poudre à canon leur fournit une compensation. Au reste, la législation punissant, et prévenant ainsi jusqu'à un certain point ce qui, dans l'usage de la presse, serait éminemment dangereux pour l'ordre social, peut remédier au mal, ou du moins en retarder l'effet.

Ce que je viens de dire se rapporte aux livres proprement dits. Quant aux journaux et aux brochures politiques, ils sont plus propres à agir sur les passions que sur la raison de l'homme : et nous, témoins et victimes de la révolution, savons tout le mal qu'ils ont fait, et nous cherchons vainement le bien qu'ils peuvent produire. Ils sont, dit-on, les échos de l'opinion publique ; ils éclairent le Souverain. Mais, dans notre gouvernement, ce sont les tribunes des chambres législatives qui sont les organes authentiques et solennels de l'opinion : là, toutes les vérités sont dites, et en présence des ministres du pouvoir ; tous les principes sont soutenus et combattus avec force ; et tant qu'elles subsisteront, on ne saurait même admettre que la religion du Monarque puisse être surprise. Les journaux et les pamphlets pouvant remuer les masses, doivent être l'objet d'une législation spéciale. Il est des maux sans remède que la punition de leurs auteurs ne saurait réparer ; il faut les prévenir : le droit de le faire ne saurait être contesté ; il découle du premier principe du droit naturel, la *conservation de soi-même* : une société doit, par-dessus tout, assurer son existence.

Au reste, il me paraît que notre législation sur la presse donne à peu près toutes les garanties nécessaires ; elle me semble avoir résolu, d'une ma-

nière satisfaisante, le problème jugé si difficile de
tenir la presse dans des limites convenables sans
censure préalable. L'expérience dépose en faveur
de sa bonté; les journaux anti-monarchiques ne
sont plus d'un danger manifeste; en général, ils
respectent ce que la loi leur a ordonné de respecter :
et si, par la suite, on trouve qu'ils vont encore trop
loin, le législateur n'aura qu'à rapprocher les
bornes qu'il a posées.

Note. Je ne puis toutefois m'empêcher de remarquer que
cette législation présente une disposition assez extraordinaire.
Elle donne au Roi le droit de suspendre la liberté de la presse,
lorsque des circonstances lui sembleront l'exiger; mais elle
excepte formellement de ces circonstances, précisément celle
où cette suspension peut être le plus nécessaire, le cas de la
dissolution de la Chambre des députés. Cette dissolution peut
être amenée par une de ces causes qui mettent le trône en
péril, tel qu'un égarement majeur dans l'opinion de la haute
classe de la société. Le Roi, à qui la Charte donne le droit de
rendre des ordonnances de salut public, est privé express-
sément par la loi de rendre celle qui pourrait être utile, qui
pourrait donner à l'opinion le temps de se calmer. Mais, dit-
on, il est survenu un procès entre le Roi et la Chambre des
députés, le jugement en est remis aux colléges électoraux; il
faut bien que les deux parties y puissent plaider leur cause ?
Je remarquerai, par la suite, combien il est inconvenant et
même inconstitutionnel, de mettre sur une même ligne le
dépositaire héréditaire d'un pouvoir, le Roi, avec les dépositaires momentanés d'un autre pouvoir, les Députés.

En résumé, *repos pour les citoyens, et stabilité
pour les institutions;* voilà les deux grands besoins

de la France à la restauration, et encore aujourd'hui : *exacte et impartiale justice,* et *liberté,* entre les limites posées par la loi ; voilà encore ce qu'il faut à tous les Français.

Note. Il est, en outre, pour toutes les sociétés, des besoins d'un ordre supérieur, la *Religion* et la *Morale,* soutiens naturels des États et des trônes, qui, agissant sur le for intérieur, et portant ainsi le citoyen à l'accomplissement des devoirs, dispensent de l'emploi de la force, ou du moins en modèrent l'usage. J'en connais la nécessité, et je sais qu'un des grands objets du législateur est de les relever en France et de les y remettre en honneur ; mais ces hautes matières sont au-dessus de ma portée, et je ne traite ici que des besoins pour ainsi dire matériels.

L'autorité royale peut seule assurer nos besoins.

Le Roi seul, revêtu d'une grande puissance, indépendant de tous, élevé au-dessus de tous, pouvait nous garantir que ces besoins seraient satisfaits. Nouvellement assis sur le trône, il était plus intéressé que personne à ce que tout demeurât tranquille et stable autour de lui. Père de tous ses sujets, il était intéressé à tenir la balance égale pour tous, à ménager ses nouveaux comme ses anciens serviteurs. Lui seul, par une volonté bien prononcée, pouvait modérer le mouvement des esprits résultant de l'habitude des révolutions, et prévenir tout mouvement de réaction : lorsqu'un parti a été long-temps opprimé, il tend naturellement à devenir oppresseur. En un mot, le Roi seul pouvait et peut encore rendre à la France le plus grand des bienfaits, la préserver de la domination des partis. Ce n'est pas la puissance des Rois qui peut inspirer des craintes au peuple français. A cette époque, plus que dans toute autre, ils n'ont et ne peuvent avoir d'autre intérêt que le sien : nous ne sommes plus au temps où l'ambition des conquêtes et des dépenses fastueuses pouvaient mettre leurs désirs en opposition avec son bien-être.

Qu'on lise d'ailleurs notre histoire, on pourra bien y trouver quelques abus de la force ; et quelle est l'histoire où il n'y en a pas ? Mais on n'y verra pas moins que les progrès de l'autorité royale ont été, en général, favorables au peuple et à sa liberté ; on y verra que le peuple a été d'autant moins foulé, et d'autant plus heureux, que les Rois ont été plus puissans. C'est en étendant leur puissance qu'ils ont affranchi les serfs, établi les communes, assuré l'empire des lois. Durant les deux siècles que la maison de Bourbon a régné sur la France, on y a versé moins de larmes, on y a répandu moins de sang que dans le peu d'années qu'elle a été soustraite à leur sceptre tutélaire. Il serait vraiment dérisoire de chercher actuellement des garanties contre le despotisme des Bourbons, tandis que celui de la multitude, ou des multitudes, est mille fois plus imminent et plus redoutable.

CHAPITRE II.

DE L'ESPRIT PUBLIC EN FRANCE.

———

ART. 1. *Opinion politique.*

Dans les premiers temps de la restauration, ayant parcouru, à diverses reprises, les départemens du sud-ouest de la France, je m'y suis appliqué à l'étude de l'opinion politique des diverses classes de la société, en tâchant de me dépouiller de toute prévention, pour ne voir les choses que dans leur stricte réalité.

Divisant la population, sous le rapport de l'opinion, je comptais, sur 1000 individus, 980 peuple, 10 petite bourgeoisie et marchands, 5 haute bourgeoisie et noblesse, 2 négocians et manufacturiers, 1 hommes de lettres et de plume, 1 jeunesse de la classe lettrée, 1 Bonapartistes. Depuis, l'esprit s'est beaucoup amélioré : le temps a familiarisé avec le gouvernement du Roi; la très-grande partie de la bourgeoisie s'y est ralliée; il n'y a plus de Bona-partistes; la division, qui existait dans les hautes parties du gouvernement, ayant cessé, il en a été de même dans la haute société; le gouvernement ayant montré de la sévérité, il a été périlleux de se mettre en lutte avec lui, et l'on ne s'y est plus mis; enfin, l'issue de la guerre d'Espagne ayant enlevé tout espoir de succès au parti ennemi, ce parti s'est rendu ou s'est dispersé.

Je reprends l'esprit particulier de chaque classe. Les 98 centièmes de la population sont entièrement indifférens à la forme et au chef du gouvernement : c'est la masse du peuple proprement dit. Habituée et façonnée à l'obéissance, elle obéira toujours, et sans résistance, à celui qui tiendra en main les rênes de l'État : c'est elle que Montaigne avait en vue lorsqu'il disait : *Le peuple est un cheval sellé et bridé que chacun monte à son tour.* Toutefois, et au fond de l'âme, la majeure partie des individus de cette classe est pour l'égalité absolue. Par suite de ce sentiment, et d'après les craintes qu'on n'a cessé de lui donner, au premier temps de la restauration, elle eût préféré Bonaparte à Louis XVIII, comme elle préférait la république à Bonaparte, et la loi agraire à la république. Au reste, ce sentiment est entièrement passif : il ne saurait être mis en activité que par les clubs de jacobins, s'il leur était permis d'agir, en pleine liberté, sur cette masse, comme en 1790 ; ces clubs et la faim (*seditio ventris*) sont seuls capables de la mouvoir. Les idées religieuses, ce puissant levier, à l'aide duquel on a presque toujours mu les multitudes et fait les grandes révolutions, sont maintenant de nul effet en France, en exceptant quelques petites communes rurales, et quelques-unes de celles où il existe deux religions différentes.

Peuple.

Une portion de cette classe, composée des artisans des villes et notamment des faubourgs, des paysans ou manouvriers inquiets, de la jeunesse turbulente du bas peuple, mérite une considération particulière. Fort ignorante, mais pleine de force physique, c'est l'ennemi naturel de l'ordre social; c'est elle qui fournit la majeure partie des individus traduits devant les tribunaux criminels; c'est au milieu d'elle que les clubs établiraient leurs foyers; c'est elle qui a fourni nos bataillons révolutionnaires, nos *fédérés,* qui est le redoutable agent des fureurs populaires, qui a décidé les révolutions des 14 juillet et 6 octobre 1789; et, plus tard, celles de Madrid, de Naples et de Turin. Mais, non soulevée par des agitateurs populaires, elle ne saurait inspirer aucune crainte au gouvernement : ses membres, pris isolément, n'opposeront aucune résistance aux agens de la justice ou de la force publique.

Petite bourgeoisie. A la classe du peuple tient celle des cultivateurs aisés, des petits bourgeois, des petits marchands. Ici encore, on est assez indifférent à la forme du gouvernement; on veut la tranquillité, et on ne se plaint guère que du poids des impôts (fussent-ils moitié moindres, on s'en plaindrait à peu près également). Cependant, les biens nationaux, principalement acquis par cette classe, les rentes seigneuriales, dont la suppression lui a particulièrement profité, y donnent de l'éloignement pour

l'ancien régime, et pour tout ce qui paraît être
en rapport avec lui; en conséquence, elle est
portée à admettre les déclamations et les préven-
tions contre ceux dont l'intérêt lui semble en appeler le retour : la Charte, qu'on lui fait invoquer
(bien qu'on ne l'y ait jamais lue), n'est à ses yeux
qu'un garant contre ce retour, et pour la sûreté
des ventes nationales. Plusieurs membres de cette
classe entrent dans les colléges électoraux d'arrondissement, et y portent leurs sentimens et préven-
tions; de là, ces nominations de députés peu favorables aux principes monarchiques que nous avons vues
il y a quelques années, et que l'on pourrait y voir
encore, si le gouvernement du Roi ne prenait, pour
les prévenir, les moyens que lui laissent les lois.
C'est dans cette classe que se trouve le premier degré
d'instruction; mais il est généralement si faible en
politique, histoire et géographie, qu'il ne va pas
jusqu'à mettre à même de comprendre la dixième
partie de ce que porte la plus simple des gazettes;
aussi nos petits propriétaires n'en lisent presque
aucune, et le petit nombre de celles qu'ils parcou-
rent, dans les cafés ou lieux de réunion des petites
villes, sont les gazettes démocratiques, *le Constitutionnel,* etc. : dans ces lieux, on n'en reçoit presque pas d'autres : c'est un fait que j'ai bien constaté. Les idées de la démocratie la plus pure sont
les seules à la portée de ces individus; ils sont
hors d'état de concevoir, et à plus forte raison,

d'apprécier aucune des combinaisons politiques qui assurent le jeu et la stabilité des institutions sociales. C'est cependant à de tels juges, et à des juges plus inférieurs encore, que Bonaparte soumettait ses constitutions et *actes additionnels*, et qu'il se faisait ensuite fort de leur assentiment! Au reste, il se faisait encore plus fort du dévouement et de l'obéissance de ses soldats.

Haute bourgeoisie.

Les grands propriétaires fonciers, la haute bourgeoisie et l'ancienne noblesse, en un mot, ce qu'on nomme la *société*, est généralement royaliste, c'est-à-dire, ennemi de la révolution. On y veut la tranquillité, la stabilité et les Bourbons; on y a plus d'attachement, que dans les autres classes, pour l'ordre social actuel : ce sont les propriétaires, dit Burke, qui mettent le lest dans le vaisseau de l'État.

Cette classe composait les colléges électoraux sous Bonaparte; elle constitue nos colléges de département; aussi les élections y sont-elles et seront-elles dans le sens royaliste, à quelques villes près.

L'instruction est ici généralement répandue; mais, en matière de gouvernement, ce n'est, pour la très-grande majorité, que de cette demi-science, laquelle, dit-on avec raison, est souvent plus dangereuse que l'ignorance. On y parcourt plutôt qu'on n'y lit les journaux; les connaissances politiques n'y sont et n'y seront jamais que superficielles, et par conséquent démocratiques. Par

bonheur, on s'y conduit encore plus par le sentiment que par le raisonnement.

La masse des commerçans, banquiers, grands **Négocians.**
manufacturiers est directement en opposition avec
la précédente, et en général elle est peu portée
pour le gouvernement monarchique et pour ses
suites (titres, honneurs, gloire militaire, etc.).
Toute autre supériorité que celle de l'argent lui
répugne, l'offusque et lui déplaît : c'est, en grande
partie, une affaire de vanité, et par conséquent
une affaire majeure. D'ailleurs, il y a long-temps
qu'on a remarqué que le commerce était essentiellement républicain : Carthage, Athènes, Marseille,
Venise, Gênes, la Hollande, les villes anséatiques,
etc., où il a le plus fleuri et où le gouvernement
s'est formé sous son influence, étaient des républiques ; la cité de Londres peut bien être regardée
comme telle ; et Paris, depuis que la banque y a
pris l'influence prépondérante, n'est plus ce qu'il
était autrefois.

Les avocats, médecins, gens de lettres, etc., **Hommes**
presque tous non propriétaires, ne sont point en **de lettres.**
général intéressés au maintien des gouvernemens
existans, quelle qu'en soit la forme (sauf le petit
nombre de ceux qui ont des emplois dans l'État).
Toute révolution leur offre des chances favorables ;
ils ont peu à y perdre et peuvent y gagner beaucoup : combien de personnes de leur classe n'ont-
elles pas été portées aux premiers emplois par celle

de 1789 ? Les hommes de cet ordre, ayant beaucoup de moyens (ou croyant en avoir), et dont
l'ambition l'emporterait sur le sentiment du devoir,
doivent désirer des changemens politiques, les
provoquer et les tenter dès qu'il se présente une
occasion rendue favorable par la disposition des
esprits et par la faiblesse des gouvernemens : les
talens, l'instruction, et c'est ici la partie la plus
instruite en politique et en législation, comme la
plus féconde en prétextes, leur suggéreront des
voies de réussite. Voilà les ennemis les plus naturels
et les plus dangereux des gouvernemens, et sur-
tout des gouvernemens monarchiques; l'expérience
ne l'a que trop prouvé.

Même en temps ordinaire, une personne qui se
sentira un talent distingué pour l'art de la parole,
désirera pouvoir le produire à cette tribune, d'où
l'on est entendu de toute l'Europe : s'il y parvient,
s'il y acquiert de l'influence, naturellement, il
tendra à y faire passer le gouvernement de l'État.
Qu'y aurait-il de plus flatteur pour son amour-
propre, que, nouveau Démosthènes, d'y mouvoir ou calmer le peuple au gré de son éloquence ?

Les écrivains sont à peu près dans le même cas
que les orateurs. Ils veulent aussi établir leur importance, et exercer une action ; elle sera toujours
d'autant plus grande que la constitution appro-
chera davantage d'être républicaine; et naturel-

lement, la plupart d'eux s'efforceront d'en favoriser
la partie démocratique.

Les jeunes gens ont pris, en France et en Eu- Jeunes gens.
rope, une importance qu'ils n'auraient jamais eue
sous le rapport politique, et toutefois qui est assez
naturelle, du moment que toute la population est
appelée à la discussion des affaires publiques. En
général, les jeunes gens sont impatiens de tout
frein et de toute subordination; ils se plaisent dans
le mouvement et le tumulte, et braver des dangers
n'est pas sans attrait pour quelques-uns d'entr'eux :
ils aiment les nouveautés et sont peu respectueux
pour ce qui est ancien. Toutes ces inclinations
sont manifestement en opposition avec ce que nous
avons vu être les premiers intérêts de la France,
le repos des citoyens et la stabilité des institutions.

Le beau idéal, les maximes libérales sont dans le
caractère de la jeunesse, et une république entièrement démocratique est le beau idéal des gouvernemens : ce n'est que l'expérience qui en a fait
dévier, et les jeunes gens n'ont point d'expérience.
Leur dira-t-on que les hommes sont mus par l'intérêt, l'envie, l'ambition, etc.; qu'ils cherchent à
s'asservir réciproquement; que c'est pour prévenir
les funestes effets de ces passions, que le législateur
a été obligé d'entasser institutions sur institutions,
réglemens sur réglemens, afin que le citoyen, à
l'abri de ces institutions et de ces réglemens, comme
derrière un rempart, pût jouir tranquillement de

ses droits et de ses propriétés? Leur cœur neuf et
généreux goûtera peu ce langage; il sera bien plus
sensible aux discours de ceux qui ne lui parleront
que de la dignité de l'homme, de sa liberté et d'une
noble indépendance : les idées de cette couleur les
séduiront, et ils seront prêts à suivre et à seconder
les apôtres du libéralisme. Le Français ne doit
dépendre que des lois; rien, en France, n'est au-
dessus d'elles, dira-t-on sur-tout à ceux qui étu-
dient la science des lois; et on leur fera crier
Vive la Charte ! plutôt que *Vive le Roi !*

On ne peut rien changer à des sentimens et à
des dispositions qui sont dans la nature; mais puisque ces sentimens et ces dispositions sont contraires
aux intérêts de la société, il faut faire qu'ils ne
soient d'aucun poids dans la balance politique :
ainsi, il ne faudra pas enfreindre la Charte, pour
faire entrer les jeunes gens dans le grand conseil
de la nation.

Résumé.   Résumant cet article, nous dirons que les 99
centièmes de la nation sont passifs et indifférens
en matière politique, et que dans le centième restant on ne voit guère que des partis mus par des
intérêts ou des ambitions opposées, n'ayant en
politique que des idées superficielles, auxquelles
on ne tient d'ailleurs que faiblement, et dont on
est prêt à changer au gré des intérêts et des circonstances. Le nombre de ceux qui en ont de fixes
et qui les prennent comme règle de leur conduite,

ainsi que le nombre de ceux qui ne sont mus que par le seul sentiment du bien public, est si petit, qu'on peut se dispenser d'en tenir un compte numérique.

ART. II. *De l'Esprit démocratique.*

Il conste cependant de ce que nous venons de rapporter, que les opinions démocratiques se retrouvent dans toutes les classes, qu'elles y dominent, et qu'elles sont ainsi comme l'opinion générale de la partie pensante de la nation. C'est effectivement vrai.

Mais qu'on ne l'attribue ni à l'esprit du siècle, *Sa cause.* ni aux progrès des lumières ou de la civilisation. En tout temps et en tout pays, lorsque la multitude, et même la multitude demi-lettrée, sera appelée à émettre des opinions politiques, elles seront toutes démocratiques, à moins que cette multitude ne soit dominée par un fanatisme religieux ou guerrier. Il faut avoir fait une étude profonde et réfléchie de l'histoire, ou avoir long-temps gouverné et administré des hommes, avoir ainsi appris à les conduire et à opérer leur bien, pour n'être pas démocrate de bonne foi.

L'homme ordinaire ne sortira pas d'un petit nombre d'idées simples et naturelles, telles que les suivantes : « Lorsque les hommes se réunissent en société pour assurer leur bien-être, c'est à eux à fixer, dans l'intérêt général, les conditions de l'association; à les changer ou modifier lorsqu'elles ne leur procurent pas les avantages qu'ils s'en étaient promis : c'est là la *souveraineté du peuple*. Il sera toujours bien plus avantageux et bien plus noble de se gouverner par soi-même, ou par ses mandataires, que de l'être, à perpétuité, par une ou plusieurs familles qui pourront finir par se croire d'une nature supérieure, et par regarder le peuple comme une propriété qu'elles ont à exploiter à leur profit : c'est *la démocratie*. Nous serons mieux administrés et jugés, dira-t-on, par des magistrats de notre choix, et d'après des lois ou réglemens que nous aurons faits, que par des officiers de cette ou de ces familles privilégiées, et suivant des lois qui nous sont en quelque sorte imposées : de là *l'exclusion du gouvernement monarchique.* »

J'admettrai, quoiqu'on puisse le contester (1), que ces principes, et·quelques autres semblables, sont fondamentaux, et qu'il ne faut pas s'en départir sans motifs ; mais l'expérience en a bientôt fait sentir la nécessité ; elle a montré que, pour atteindre le vrai but de l'association, le bien-être des individus, il fallait modifier considérablement les principes primitifs ; et ce sont ces modifications,

(1) Un vaisseau navigue sur une mer semée d'écueils ; certainement tous les passagers ont un égal intérêt à sa conservation : mais les admettra-t-on tous à la direction du bâtiment? Le gouvernement démocratique sera-t-il ici le plus naturel ? La régie d'un de nos États européens est bien aussi difficile que celle d'un tel vaisseau.

différentes suivant la grandeur des sociétés, le caractère et les besoins des associés, les climats, les positions géographiques, etc., qui forment les institutions sociales ; elles sont le produit, non des théories abstraites, mais des besoins reconnus des siècles et des circonstances. Des esprits supérieurs sont seuls capables de les apprécier ; les hommes ordinaires ne le sauraient, et à plus forte raison ne sauraient-ils produire directement quelque chose de pareil, c'est-à-dire, faire une constitution qui, satisfaisant les habitudes et les besoins d'un peuple, puisse avoir une longue durée.

Je ne sais comment on pourrait voir, dans l'esprit démocratique de l'époque actuelle, un effet de l'accroissement des lumières. Si l'on parle de l'extension en superficie de ces lumières, dont j'ai déjà parlé, et qui ne vont pas jusqu'à mettre en état de lire, avec connaissance de cause, la plus simple des gazettes, on aura raison ; mais sont-ce là des lumières ? N'est-il pas au contraire manifeste que l'esprit démocratique n'est qu'un effet de manque de vraies et solides connaissances ? Ce qu'on vient de dire sur la cause de cet esprit le prouve incontestablement. Croit-on que si ces Espagnols, renfermés dans Cadix en 1812, habitans du pays de l'Europe le plus reculé en connaissances et en civilisation, eussent été plus instruits dans la législation politique, ils eussent fait la constitution démocratique dite des *Cortez ?* Ce commis voya-

geur, parcourant la France, pour y débiter, à
l'aide d'assertions tant vraies que mensongères, ses
calicots et sa quincaillerie, qui se répand en invec-
tives contre les institutions monarchiques, est-il
profondément versé dans les sciences morales et
politiques? Et ce petit républicain, jeune étudiant
sortant d'un collége, où il a fait en général de moins
bonnes études que ses pères, est-il beaucoup plus
éclairé qu'eux? Avec ses élémens de littérature et
de mathématiques, est-il beaucoup plus éclairé
que ces doctes magistrats, l'honneur de nos anciens
parlemens, et si dévoués à leurs Rois? Étaient-ils
donc si éminens par leurs lumières, en 1793, ceux
qui, pleins d'esprit démocratique, et pour fonder
dans notre malheureuse patrie une pleine démocratie, commencèrent par fermer toutes les écoles,
et par mettre à mort tous les savans?

On flatte notre siècle lorsqu'on l'appelle le *siècle
des lumières;* et une flatterie est toujours bien ac-
cueillie. Depuis deux cents ans environ, les sciences
physiques ont fait, il est vrai, des progrès étonnans;
elles présentent bien certainement le monument
le plus honorable pour l'esprit humain, celui qui
montre jusqu'à quelle immense hauteur l'intelligence de l'homme a pu s'élever. Mais entre ces
sciences et les sciences morales, entre la physique
et l'art de gouverner les peuples, il n'y a pas le
moindre rapport. Les anciens connaissaient cet
art au moins aussi-bien que nous : les hommes sont

toujours pétris de la même pâte, mus par les mêmes
passions, sujets aux mêmes besoins; le mode de
les conduire peut bien avoir éprouvé quelques
variations dans les formes, mais il est resté le même
quant au fond. Les philosophes et législateurs de
l'antiquité en avaient fait une étude profonde.

Je ne vois pas davantage les rapports qu'il pourrait y avoir entre la civilisation et la démocratie :
l'une tient aux mœurs, et l'autre aux opinions.
C'est depuis quarante ans que l'esprit démocratique
a fait de grands progrès chez nous; et cette époque
ne me paraît pas très-remarquable sous le rapport
de la civilisation : je ne crois pas qu'elle ait beaucoup gagné sous le régime des vandales de 1793,
dans le temps où l'on chargeait le calendrier français des cinq *sans-culotides;* ni même sous cet
autre régime où les soldats de la révolution, s'étant
emparés de l'*Empire,* ne représentaient pas mal les
Tartares devenus maîtres de la Chine. Voudrait-
on regarder aussi comme un effet de la civilisation
cet esprit de liberté qui se développe, dit-on, de
toutes parts dans ce siècle : mais ces héros de la
liberté, ces fiers Saxons que n'a pu subjuguer un
des plus puissans Monarques qui aient jamais
existé, Charlemagne; contre lesquels il a marché
huit fois en personne, qu'il a vainement battus,
massacrés par milliers et presque entièrement
exterminés; auxquels il a vainement enlevé leurs
dieux et leurs chefs, arraché des sermens et des

abjurations, et dont il n'a pu venir à bout qu'en
transplantant ailleurs leurs derniers et faibles
restes; ces Saxons, dis-je, étaient-ils des peuples
civilisés? Ceux dont ils avaient pris la place, dans
les forêts de la Basse-Allemagne, ces Francs, ces
Germains qui avaient fait éprouver tant d'échecs
aux légions romaines, dont la liberté était encore
plus terrible pour elles que le gouvernement militaire des Parthes (*regno Arsacis, sævior libertas
Germanorum*, Tacite), étaient-ils des peuples
civilisés? De ces faits, et du témoignage de toute
l'histoire, je pourrais conclure que la civilisation
est plutôt contraire que favorable à l'esprit de la
vraie liberté : nulle part elle n'est, dit-on, plus
générale qu'à la Chine; et nulle part le gouvernement n'est plus despotique, et n'y est peut-être
plus assuré par suite des mœurs des habitans.

Résultats. Qu'a enfin produit, chez nous, l'esprit démocratique? La constitution éphémère de 1791, chef-
d'œuvre d'imbécillité (*imbecillitas*), qui a eu un
effet tout différent de celui que ses auteurs avaient
en vue; qui devait régénérer la France, y élever
un édifice social digne du siècle de la philosophie,
et qui a couvert de ruines le sol de la patrie, et y
a creusé un abîme de malheurs; qui, au lieu de la
liberté, nous a légué le plus horrible esclavage;
qui devait asseoir le Roi sur un trône constitutionnel et par suite inébranlable, et qui l'a fait
périr sur un échafaud, etc.? La constitution ré-

publicaine de 1793? La constitution directoriale
de 1795? La constitution consulaire de 1799?
Autres chefs-d'œuvres d'ineptie, qui, pareils au
premier, n'ont pu se tenir debout quelques instans, et qui, en tombant, n'ont pas laissé le moindre regret? Cependant, au jugement même de
l'auteur du *Contrat social,* la durée d'une constitution est le signe caractéristique de sa bonté.
Toutes ces rapsodies constitutionnelles auraient
justement déshonoré le nom de *constitutionnel :* il
n'a fallu rien moins que la Charte octroyée par
Louis XVIII, pour le réhabiliter en France.

Mais ce qui est bien à remarquer, c'est que
l'expérience ne nous corrige pas. Nous venons de
voir que quatre constitutions, faites successivement en dix ans, ne valaient guère mieux les unes
que les autres. Nous avons ces sottises devant les
yeux, nous signalons leurs vices, nous sentons
encore le mal qu'elles ont produit; et dès qu'il faut
agir, nous en faisons à peu près de pareilles. Bonaparte, se saisissant de l'autorité, suspendit pendant quelque temps cette rage des constitutions;
mais à peine fut-il tombé que le sénat fit son *acte
constitutionnel;* dix mois après, nous eûmes, et
dans un sens plus démocratique encore, l'*acte
additionnel;* et bien que rédigé par le publiciste
(M. B. Constant), chef de l'école libérale, il ne
devait pas vivre long-temps, il devait expirer à Wa-
terloo; trois sortes de réformateurs (Louis XVIII,

Bonaparte et les Jacobins) l'attendaient à l'issue de la bataille. La fièvre des constitutions avait repris ; il n'y avait pas deux mois que cet acte était publié, que la Chambre dite des *représentans*, profitant de quelques heures d'interrègne, se hâta aussi de brocher la sienne, et comme on peut le présumer, elle n'était pas mal démocratique : heureusement nous n'en avons pas subi l'essai.

Depuis, nos assemblées n'ont montré guère plus de sagesse et d'habileté. La Chambre réputée royaliste par excellence proposait, en 1816, une loi constitutionnelle des colléges électoraux à peu près de la nature de celle que Sieyes avait faite en 1792. Par les malheureux effets de la loi électorale de 1817, qui cependant était bien moins démocratique, nous pouvons juger de ceux qu'elle aurait produits. Cette dernière donna des résultats d'un présage tellement sinistre, que ceux même qui l'avaient faite ; que ceux qui, un an auparavant, l'avaient défendue, je dirai avec folie, vinrent, en 1820, demander, au nom du Roi, qu'elle fût rapportée, disant aux Chambres : Si vous ne la changez pas, *nous périssons.*

Qu'est-ce qui nous a empêché de périr ? Qu'est-ce qui soutient maintenant notre machine politique, et semble lui assurer quelque stabilité ? Est-ce une œuvre démocratique ? C'est tout l'opposé ; c'est un *privilége aristocratique,* le *double vote :* il est contraire au principe de l'égalité politique, à la théorie du gouvernement représentatif, à l'esprit du siècle, et cela à tel point, que personne n'eût osé en faire la proposition de propos prémédité : le hasard l'a fait naître du tumulte d'une discussion, et la lassitude d'un long débat l'a fait adopter.

Art. iii. *Un Gouvernement doit-il recevoir la loi de l'opinion publique ?*

Ce que je viens de dire sur l'opinion publique, en France, me conduit naturellement à l'examen de cette question : jusqu'à quel point un gouvernement doit-il recevoir la loi de l'opinion publique? car enfin, s'il était constaté, par exemple, que, dans un état monarchique, l'opinion générale du jour fût pour le gouvernement républicain, le Monarque devrait-il de suite abdiquer la couronne, et rentrer dans la vie privée ?

J'établis d'abord un principe que personne ne me contestera : tout gouvernement n'est établi que pour le bien-être du peuple gouverné. Ainsi, le *devoir* du gouvernement sera de faire, ou de chercher à faire, ce que, dans ses lumières comme dans sa sagesse, et avec les formes voulues par la constitution de l'État, il croira le plus propre à assurer ce bien.

Si, dans la masse de la nation, il n'y a qu'un centième des habitans qui réclame contre, les 99 autres centièmes n'en sont pas moins encore la masse de la nation, et c'est son bien-être qu'on

doit avoir principalement en vue; si la réclamation
y était contraire, la politique du gouvernement
serait de l'éluder, de la refuser même. Enfin, s'il
le fallait, le gouvernement se faisant arme de la
partie qui ne réclame pas, qui ne crie pas, pas-
serait outre, et marcherait fermement à l'accomplissement de son *devoir*.

Mais, dit-on, l'opinion est la reine du monde,
et il faut bien s'y soumettre.

Certainement, si tous les individus d'une nation
voulaient une chose, et la voulaient fortement, il
faudrait bien aussi que le Roi la voulût, sous peine
de n'être plus Roi.

Mais je ne connais guère que les opinions religieuses qui puissent être d'une généralité et d'une
force à imposer réellement contrainte. Elles sont
de nature à descendre jusque dans le dernier individu de la société; elles trouvent, dans le cœur
humain, une place toute disposée pour les recevoir,
et elles s'y établissent naturellement : elles y de-
viennent un principe moteur, et par l'exaltation
dont il est susceptible, il donne à l'homme un courage et une force extraordinaires. Les tortures,
les échafauds et les humiliations n'ont pu arrêter
les progrès du christianisme; les disciples de Ma-
homet, dans leur première fureur, ont conquis,
avec une étonnante rapidité, une partie considérable du monde anciennement connu; le plus terrible des pouvoirs qui ait jamais existé en France,

Opinions de première importance.

celui du comité de salut public, a trouvé dans les opinions religieuses des Vendéens un ennemi qu'il n'a pu réduire. La soumission des Rois aux opinions religieuses, là où le peuple y tient, est une œuvre de nécessité : Henri IV et Auguste II furent obligés d'embrasser la Religion catholique, pour régner l'un sur la France et l'autre sur la Pologne; Bernadotte s'est fait protestant pour devenir Roi de Suède; Jacques II perdit sa couronne, pour avoir choqué le système religieux de l'Angleterre; et quarante ans auparavant, sans le fanatisme des puritains, jamais Cromwell n'eût conduit son Roi sur l'échafaud et aboli la monarchie. ·

Après les opinions religieuses, mais encore à une grande distance loin d'elles, je ne vois que le désir de l'égalité et les haines nationales qui, par leur généralité et leur nature, puissent exercer une action sur les peuples, et par suite sur leurs gouvernemens. — L'homme a des besoins et des désirs à satisfaire; il souffre et est mécontent lorsqu'il ne peut en venir à bout : de plus, il porte généralement une envie plus ou moins développée à celui qui possède plus que lui les moyens de satisfaire ces besoins et ces désirs. De là l'amour de l'égalité dans les honneurs, et plus encore dans les biens ; c'est lui qui a produit presque tous les mouvemens populaires à Athènes et à Rome; c'est lui qui a réellement immiscé la masse du peuple français dans la révolution; c'est lui que voulaient mettre en action ceux qui criaient : *Paix aux chaumières, guerre aux châteaux !* — Les antipathies ou haines nationales agissent sur toutes les classes de la société, et peut-être encore avec plus d'intensité sur les inférieures. C'est à la faveur d'une pareille haine que les Rois d'Angleterre ont toujours obtenu avec facilité les subsides qu'ils ont demandés à leur parlement pour faire la guerre à la France ; et c'est en grande partie pour avoir choqué cette antipathie, que les deux derniers Stuarts ont perdu l'affection des Anglais. On supporte avec peine le joug des siens ; mais celui de l'étranger est en horreur (1) : nous en avons fait une cruelle expérience lorsque le chef de notre gouvernement tenta, il y a quelques années, d'asservir l'Espagne. Chez nous, il est vrai, la politesse des mœurs, notamment envers les étrangers, rend moins fortes les haines nationales ; mais encore nous avons vu leur effet sur le peuple de nos provinces orientales lorsqu'elles ont été envahies, en 1814 et 1815, par des troupes étrangères : cette invasion, regardée comme une plaie faite à l'honneur national, y a laissé un sentiment pénible. En France, il faut être par-dessus tout Français ; et les fils d'Henri IV, le sont éminemment.

Opinions politiques. Quant aux opinions politiques, à celles qui sont relatives à la forme du gouvernement, elles sont

(1) C'est là le principe de *l'indépendance nationale*, indépendance que les anciens regardaient comme la liberté par excellence.

bien loin d'avoir la généralité et l'importance de celles dont nous venons de parler. Nous l'avons dit, les 99 centièmes de la nation n'en ont point; le peuple n'a pas la moindre idée à ce sujet, et l'on peut se rire des *Vendées libérales* dont nous menaçaient les représentans des cent jours. Ces opinions pourront bien exciter quelque tumulte dans les universités, porter des jeunes gens à quelque tapage, mais elles ne feront pas des Vendées; il n'y a pas de fonds pour cela : je vois bien les officiers de ces armées, mais je n'en aperçois les soldats nulle part, et sans soldats une armée n'est pas bien redoutable.

Même cet esprit démocratique, que nous avons vu être si naturel et si général, n'a parmi nous aucune force active, aucune disposition à attaquer, ni même à résister à une attaque sérieuse. En 1804, depuis plus de douze ans, le républicanisme était comme la religion des Français, l'amour de la liberté et de l'égalité semblait avoir pénétré toute leur essence; vingt fois ils avaient juré de défendre, jusqu'à la mort, la constitution ou la république; nonobstant tout cela, lorsque Bonaparte voulut mettre la couronne sur sa tête, tous les corps de l'État, malgré leur libéralisme et leurs sermens, le sénat, les tribuns, les législateurs, l'armée, les académies, les départemens et les municipalités s'empressèrent de la lui offrir, et se courbèrent paisiblement sous son sceptre. Le peuple resta très-

indifférent dans ce changement de gouvernement,
quoiqu'il y perdît sa souveraineté.

Note. L'Espagne, le Portugal, Naples et le Piémont, viennent de montrer combien les peuples tiennent peu à ces idées
démocratiques et constitutionnelles, et de donner le démenti
le plus formel aux prophéties de ces écrivains révolutionnaires,
qui semblent annoncer aux Rois de l'Europe que la civilisation
et les progrès des lumières ont sonné leur dernière heure ; que
les peuples partout se réveillent et demandent au moins des
gouvernemens représentatifs ; qu'il faut s'empresser de les satisfaire si on ne veut pas s'exposer aux plus grands malheurs.
— Une révolution se fait en Espagne, une constitution bien
démocratique s'y établit ; aux yeux de l'étranger, la nation
entière semble l'avoir adoptée ; elle mettra à la défendre, dit-
on, un bien autre courage, un bien autre acharnement que
ceux qu'elle avait mis à défendre son Roi (car on tient bien
plus à la liberté qu'à un despote) ; et dès ce moment les révolutionnaires de l'Europe saluent l'Espagne du nom d'*Héroïque :*
une nation qu'ils nous représentaient naguère comme abrutie
et avilie par la superstition, le despotisme et l'ignorance,
est tout à coup proposée comme un modèle aux peuples civilisés : c'est d'elle que doit venir la lumière et la liberté du
monde (1). Cependant les mêmes troupes que cette nation venait de combattre avec rage, auxquelles elle semblait avoir
voué une haine implacable, se représentent ; elles viennent
attaquer l'œuvre régénératrice ; et, au grand étonnement de
l'Europe, à la grande *mystification* des apôtres du libéralisme,

(1) Ce fanal s'étant éteint, les prédicans de révolutions nous montrent celui qui doit maintenant éclairer et guider le genre humain,
chez des créoles, des mulâtres et des nègres, qui, comme on sait, sont
de grands philosophes, éminens par des lumières supérieures, et par
une civilisation très-avancée, et qui se sont constitués en républiques,
précisément par suite de ces lumières et de cette civilisation !

la nation vient au-devant de ces troupes. Elle leur livre d'elle-même sa constitution et ses constitutionnels ; tout le monde déserte et renie l'œuvre : on demandait seulement une modification, et le peuple n'en veut pas vestige ; il voudrait anéantir jusqu'à ses sectateurs.

Chez une nation voisine, des conspirateurs, enhardis par l'exemple, et mettant à profit les circonstances, surprennent la nation, changent le gouvernement royal, établissent un gouvernement représentatif. Mais bientôt après, les Portugais, revenus à eux-mêmes, renversent, de leur plein mouvement, l'édifice constitutionnel, et rétablissent leur Roi dans la plénitude de son autorité, et cela presque malgré lui.

A Naples, en Piémont, comme en Espagne et en Portugal, des militaires mécontens ou ambitieux, craignant peu des gouvernemens faibles ou presque nuls, ont donné le signal de la révolution ; la jeunesse des universités y a applaudi ; des hommes de loi, etc., voulant de l'autorité, ont ameuté des populaces non contenues ; tout le reste de la nation est demeuré comme passif, et la révolution a été faite. Les constitutions proclamées n'ont été que de vains prétextes ; dix personnes en Piémont ne connaissaient pas la constitution des Cortez qu'on imposait au pays. Faut-il s'étonner d'après cela que lorsque le nouvel ordre de choses a été attaqué, il n'ait pas trouvé le moindre appui dans la masse de la nation ; ceux qui s'étaient compromis en l'établissant ont seuls cherché à le défendre. La force physique l'avait établi, la force physique l'a renversé avec plus de facilité encore. Si les Souverains des pays révolutionnés eussent eu cette force en main, c'est-à-dire, qu'ils eussent été en réalité les chefs de leur armée, jamais les révolutions n'eussent même été tentées. Les peuples y ont été assez indifférens. Cependant, lorsque leurs opinions religieuses ont été favorables à l'ancien ordre de choses, comme en Espagne, revenus de leur première surprise, ils sont retournés vers cet ancien ordre, et ont prouvé encore que ces opinions peuvent beaucoup sur le peuple proprement dit, et que les opinions politiques y peuvent peu.

Je suis ici conduit à une remarque. Quels sont les peuples de l'Europe qui ont montré, dans ces derniers temps, le plus d'attachement à leur gouvernement ? On est obligé de le dire ; ce sont précisément les deux dont le gouvernement presque despotique, de droit comme de fait, présentait moins qu'ailleurs de ces institutions dites libérales et représentatives. Lorsque les Russes ont vu des troupes étrangères s'avancer sur le sol sacré de la vieille Russie, s'emparer des villes *saintes*, leur cœur s'est soulevé, leur courage s'est exalté, rien ne leur a plus coûté pour délivrer ce sol et ces villes : lorsque leur Autocrate demande du secours à sa capitale, nobles, bourgeois, marchands, etc., tous se pressent autour de lui, ils lui sacrifient tout ; et d'eux-mêmes, ils commencent par faire un monceau de cendres de leurs magnifiques habitations. J'ai rappelé l'acharnement des Espagnols contre les soldats de celui qui avait insidieusement enlevé leur Roi. Voilà les deux peuples qui ont défendu avec le plus de courage l'indépendance nationale, qui ont arrêté et déconcerté les projets de celui qui avait résolu et commencé l'asservissement de l'Europe ; et cette force, ils l'ont puisée dans *un intime attachement à leur Religion, à leur pays et à leur gouvernement.* Le fait est incontestable, tous les raisonnemens de nos constitutionnels ne sauraient le déguiser.

Doctrines des écrivains.

Les doctrines des écrivains me paraissent encore moins impératives que les opinions politiques dont je viens de parler.

Cependant ces écrivains ne cessent de dire qu'elles seules donnent aujourd'hui les moyens de gouverner les peuples, qu'elles font aujourd'hui ce que six cent mille soldats ne pourraient faire. Mais enfin quelles sont ces doctrines ? Aucun auteur n'a voulu encore en faire l'énumération positive et explicite, et donner aux gouvernemens ce puissant moyen d'action ; celles que je trouve dans les profonds écrits de M. de Bonnald sont à peu près opposées à celles exposées par M. Guizot. Pour quelles se décidera le Roi de France ? Sera-ce pour celle de la *souveraineté du peuple*, la seule cependant qui puisse être soutenue avec avantage devant la multitude ? Vraiment un gouvernement s'engagerait dans une lutte bien inégale, et il se rendrait méprisable s'il s'occupait à disputer et à faire assaut de doctrines : Jacques I.ᵉʳ eut ce malheur en Angleterre, et les conséquences en furent funestes. Cependant, nous dira un éloquent écrivain, les Rois ne peuvent plus régner qu'à l'aide de ces nouvelles idées qui font le tour du globe en ébranlant les empires : amies, elles conservent; ennemies, elles détruisent. Comment ces idées ont-elles conservé le malheureux Louis XVI, qui les avait volontairement appelées et caressées ? Quel mal ont-elles fait aux Souverains d'Autriche, de Russie, etc., qui les ont repoussées, et qui les repoussent encore ?

Ces doctrines exercent cependant une influence, et elles ne doivent pas être dédaignées. On sait l'influence que Voltaire et Rousseau ont exercée sur leur siècle, et combien elle a été funeste. Si les œuvres prétendues philosophiques du premier

4

de ces écrivains, échappant à la vigilance des éphores et des censeurs, ce qui n'est guère vraisemblable·, eussent pénétré à Sparte et à Rome, nous aurions à regretter les beaux siècles de ces deux républiques, ceux des Léonidas et des Scipions ; et loin de rien ôter à l'abjection des temps de Tibère et de Caligula, elles en eussent probablement avancé l'époque, elles eussent perverti plutôt les mœurs.

Observations sur les causes de la révolution.

Note. Tout en convenant de l'influence des hommes de lettres, je crois qu'on l'exagère beaucoup trop ; par exemple, lorsqu'on dit que c'est elle qui a fait la révolution de 1789. Je sais bien, qu'indépendamment des deux grands écrivains que j'ai nommés, il se forma à Paris, vers le milieu du dernier siècle, une secte de soi-disant *philosophes, encyclopédistes, économistes,* etc., qui prit à tâche de ridiculiser et d'attaquer tous les principes de Religion, de morale et de politique, que l'on avait jusqu'alors regardés comme les bases du bonheur public et domestique, et qui, par suite, avaient été jusque-là l'objet du respect des hommes : ce furent des *préjugés.* Je sais que ces lettrés firent les délices de quelques salons de la capitale ; qu'il devint de *mode* et du *bon ton,* parmi les jeunes gens de la haute société, qui se piquaient d'esprit, de hanter ces salons, de n'avoir plus de préjugés, d'être *esprit fort,* et un aimable *roué.* Mais encore, pour que la nouvelle secte eût quelque influence dans le gouvernement, il fallut que la licence et la dépravation des mœurs de la régence, qui se reproduisirent et avec scandale, après un court espace de temps, à la cour, y ouvrissent le champ pour y répandre ces principes. Il fallut qu'un Ministre du Roi (Choiseul) couvrît de son égide, contre les lois du royaume, l'arsenal où l'on fabriquait les armes destinées ouvertement à attaquer la Religion et le gouvernement de l'État, où le grand fabricateur (Diderot) prêchait publiquement l'athéisme, appelait les peuples à la révolte, se réjouissait d'avance du massacre des prêtres et des Rois, ne voyait qu'un sot entêtement dans la fidélité conjugale, etc.; il fallut qu'un gouvernement, dans sa simplicité, allât confier son autorité à des élèves de cette école (Turgot, etc.); il fallut que nos jeunes seigneurs, poussés par leur courage et le désir d'apprendre l'art de la guerre, allassent combattre sous les drapeaux des insurgés d'Amérique, leur aidassent à consolider des républiques, et en revinssent naturellement pleins d'idées d'une indépendance démocratique. Mais la révolution était encore loin d'être faite; il a fallu que deux Ministres (Brienne et Necker), encore adeptes de l'école encyclopédique, pour satisfaire quelques besoins pécuniaires, eussent recours à des mesures extrêmes, qu'ils ébranlassent, au nom du Roi, la monarchie jusque dans ses fondemens, et missent en mouvement la nation qui jusque-là avait été pleinement tranquille; il a fallu qu'un prince du sang royal conçût alors le coupable projet de profiter des conjonctures pour usurper le trône; qu'il fût aidé, directement ou indirectement, par deux des membres les plus forts en moyens des états-généraux nouvellement assemblés (Mirabeau et Sieyes), tous deux appartenant aux deux ordres privilégiés, et qui avaient à venger l'injure personnelle que ces ordres leur avaient faite en les rejetant comme indignes; il a fallu sur-tout que ce prince employât ses immenses trésors à soudoyer des émeutes dans Paris, à y débaucher des troupes, à envoyer dans toute la France des émissaires qui, annonçant partout l'approche de troupes de brigands, crient aux armes, et les font miraculeusement prendre à deux millions d'hommes; il a fallu que, dans ces circonstances critiques, le gouvernement royal s'abdiquât totalement lui-même. Dès-lors, les agitateurs ayant le champ libre, se sont emparés du peuple le plus mobile et le plus impétueux; ils ont lancé le roturier contre le noble, le pauvre contre le riche, et la révolution a été consommée.

4.

Bien certainement son germe n'aurait pas même été soup-
çonné, si Bonaparte eût été souverain de la France dès 1785;
et nos philosophes, bien loin de prétendre à l'influencer, seraient venus admirer et servir, de tous leurs moyens, cet
homme de génie, comme ils ont fait en 1806. N'avons-nous
pas vu un Roi affilié à la secte philosophique, qui en attirait
près de lui les chefs, qui faisait le soir avec eux des débauches
d'esprit; mais qui, dans la journée, les laissant tout-à-fait de
côté, expédiait, en *bureaucrate*, les affaires de l'État, et
faisait faire, en caporal, l'exercice à ses soldats? Il avait si peu
d'estime pour leur savoir, en matière de gouvernement (et il
s'y connaissait), qu'il leur disait : Le plus grand malheur que
je souhaiterais à une de mes provinces serait d'être gouvernée
par des philosophes de votre espèce.

Conclusion.   Au reste, en montrant comment on s'est mis
au-dessus des doctrines et des opinions politiques,
en disant qu'elles n'imposent point de contrainte
formelle aux gouvernemens, je suis bien loin de
dire et de penser qu'il faille en braver ou choquer
aucune, sur-tout lorsqu'elle est assez répandue :
ce serait imprudent. Mais je dis qu'on ne doit point
s'y livrer aveuglément, qu'il faut l'étudier et la
juger dans l'intérêt général; si elle est dangereuse, il faut chercher à la dévier, et finalement
se mettre au-dessus d'elle, autant que les moyens
et la prudence le permettent.

L'histoire n'a-t-elle pas placé Suger aux premiers rangs parmi les Ministres, pour avoir lutté
contre cet esprit si général, si saint en apparence,
qui pendant deux siècles a précipité, vers l'Orient,
les chrétiens de l'Occident? N'a-t-elle pas voué à

l'admiration de la postérité les Du Harlay, les
Molé, etc., pour la fermeté avec laquelle ils ont
résisté aux opinions populaires les plus actives?
Pitt, sorti un instant des affaires publiques, en
1803, reprochait aux Ministres, en plein parlement, leur déférence envers la voix publique : Un
homme d'état, leur disait-il, doit sacrifier à l'intérêt
de sa patrie jusqu'à sa réputation (momentanée).

Et quelle opinion suivrait le Roi de France?
Serait-ce celle des grands propriétaires? elle est
opposée à celle des négocians. Serait-ce celle de
l'Est? elle est différente de celle de l'Ouest? Serait-
ce celle d'aujourd'hui? elle n'est plus la même que
celle d'hier. Chez nous, les opinions politiques,
comme presque toutes les autres, ne semblent
qu'une affaire de mode; elles en ont toute la mo-
bilité et toute la légèreté. Se laisser entraîner par
le courant, comme un corps mort, ce serait une
preuve de nullité, et montrer qu'on n'est pas fait
pour régir un État. C'est pour avoir suivi l'opinion
générale dans toutes ses oscillations, faisant toujours abstraction de la sienne propre, que le malheureux Louis XVI est devenu la triste victime de
son amour pour le peuple.

Puisque je parle de cet infortuné Monarque, je
dirai que l'opinion publique peut être non-seulement erronée, mais encore criminelle. N'est-ce pas
elle qui commandait sa détention à Paris? N'est-ce
pas elle qui applaudissait à son malheur, lors-

qu'après l'arrestation de Varennes il fut ramené dans sa prison? Je n'ose aller plus loin..... Me bornant à dire qu'il est des opinions que le Roi, bien résolu de n'y céder jamais, doit empêcher de naître, et dont il ne saurait dans aucun cas reconnaître même l'existence : plutôt périr; et le danger recule devant celui qui se montre tout disposé à l'affronter.

Note. Dans ce que je viens de dire, je n'ai entendu parler que des opinions de la nation gouvernée en général; quant à celles des membres des Chambres législatives, faisant partie du gouvernement même, ce ne sont plus de simples opinions, mais des suffrages dont le Roi doit tenir un compte arithmétique, et avec lesquels il faut bien qu'il se mette en rapport.

Art. iv. *Des Mœurs des Français, sous le rapport du Gouvernement.*

Les mœurs d'un peuple présentant plus de permanence que ses opinions, doivent être prises encore en plus grande considération dans l'établissement et la conduite de son gouvernement.

Indépendance de caractère. Les fauteurs de la démocratie ne cessent de répéter que la liberté et l'égalité sont dans nos mœurs : c'est très-vrai; et elles y étaient, au moins autant, avant la révolution. Le Français, digne de son nom, *Franc,* ou homme libre, est peut-être l'Européen qui a le plus de liberté et d'indépendance dans l'esprit; il est continuellement disposé à plaisanter sur tout, même sur celui auquel il obéit,

et cela quel que soit son rang. «Les Français,
» écrivait Seyssel au commencement du 16.ᵉ siècle,
» ont toujours eu licence et liberté de parler à leur
» volonté de toutes sortes de gens, et même de
» leurs princes, non pas après leur mort tant seu-
» lement, mais encore en leur vivant et en leur pré-
» sence. » A l'époque, de honteuse mémoire, où
un Anglais a régné, pendant quelques instans, dans
Paris, cet étranger, trouvant mauvais que le maréchal de l'Ile-Adam l'examinât librement en face,
en reçut pour réponse : *Très-redouté Seigneur,
c'est la guise de France.* Parmi nous, dans la
société, il y a toujours eu plus d'égalité que partout ailleurs; on eût dit, autrefois sur-tout, qu'il
y avait moins de distance entre un sous-lieutenant
et un maréchal de France que, dans les armées
allemandes et même anglaises, entre un soldat et
son caporal. Dans ses manières, le Français est
plutôt familier que respectueux. (C'est la réunion
de ces diverses qualités, jointe à une délicatesse
d'opinions, à un sentiment d'honneur que je n'ai
pas retrouvé ailleurs au même degré, jointe à un
esprit naturel et léger, qui fait des Français le
peuple le plus sociable et le plus aimable; celui
au milieu duquel je voudrais vivre, lors même que
je ne serais pas né en France.)

Mais de cet esprit de liberté et d'égalité s'ensuit-
il que le Français soit plus propre au gouvernement
démocratique, au gouvernement républicain ? Je

ne vois rien en lui de cette austérité de mœurs et
de vertu, de cette roideur de caractère, de cette
soif du bien public, de ce renoncement à soi-même
et à ses intérêts, de cet éloignement pour les agens
du pouvoir, etc., qu'on donne comme le type du
caractère républicain. J'y verrais plutôt le contraire. Son caractère, son goût pour le brillant,
pour ce qui est noble et grand, ses idées cheva-
leresques, son esprit martial, etc., le porteront
naturellement à se ranger autour d'un trône ;
sa splendeur lui plaît plus qu'elle ne l'offusque.
« Après la gloire et la liberté, ce qui va le mieux
» à l'inclination des Français, disait le brillant
» coryphée de notre opposition parlementaire,
» le général Foi, c'est un seul entre tous, au-
» guste, placé dans une sphère élevée, et res-
» plendissant de l'éclat de la nation à laquelle il
» commande. »

Cette liberté et cette indépendance des Français
s'allient fort bien, chez eux, avec une disposition
à se subordonner à un plus grand, et à se mettre
comme à sa suite ; elles s'y alliaient aussi chez leurs
ancêtres, les plus libres et les plus indépendans des
hommes, les anciens Germains : les braves s'y grou-
paient autour d'un chef, lui servaient partout d'en-
tourage, lui rapportaient, à la guerre, la gloire de
leurs actions : le défendre sur le champ de bataille,
y périr s'il y périssait, était leur premier précepte ;
ils combattaient pour lui, c'était à lui à com-

battre pour la victoire (1). Ce dévouement, cette
fidélité envers un chef, et sur-tout envers un Roi,
venant d'une source si noble et si ancienne, con-
servée par les institutions du régime féodal et par
celles qui l'ont suivi, a jeté de profondes racines
dans nos mœurs, et principalement dans celles de
nos guerriers, et c'est à eux que la suprématie finira
toujours par rester.

Mais pour que le Français suive naturellement
un chef, pour que le commandement ne le révolte
pas, il faut qu'il soit entouré de formes qui en
cachent l'âpreté. On l'a dit avec justesse : pour
bien contenir et conduire les Français, il faut une
main forte, mais dans un gant de velours ; il faut
que le commandement ne choque ni ces idées
d'honneur auxquelles il attache un si grand prix,
ni ces convenances sociales auxquelles il tient tant.
C'est parce que Louis XIV était éminemment pénétré de ces idées et de ces convenances, et qu'en
outre sa haute dignité en imposait et commandait
moralement l'obéissance, que le Français lui a
obéi si pleinement, et que, pour cette fois, l'o-
béissance a été intime et mêlée de vrai respect. La
passion du Roi était la gloire : c'est aussi celle de
la nation.

_____

(1) *Nec rubor inter comites aspici. Jam verò infame in omnem vitam*
ac probrosum superstitem principi suo recessisse. Illum defendere, tueri,
sua quoque fortia facta gloriæ ejus assignare, præcipuum sacramen-
tum est. Principes pro victoria pugnant, comites pro principe. (*De*
Moribus Germanorum.)

Gloire.   Les Français veulent être loués, et admirés s'il se peut, pour avoir fait de grandes et belles actions, pour avoir courageusement bravé de grands dangers, et triomphé de grands obstacles. Même dans ce temps de honte, où de misérables légistes et comédiens se trouvant, par un concours inouï de circonstances, maîtres de la puissance publique, secondés par la lie de la population, courbèrent, pendant quelques instans, les Français sous le joug de la terreur, quelques-uns d'eux, soustraits à la tyrannie directe de ces hommes sanguinaires, portés aux armées, y retrouvèrent le sentiment de la gloire; ils firent encore honneur au caractère et au nom Français : on l'a dit, les drapeaux de notre gloire militaire voilèrent, aux yeux de l'étranger, les infamies de l'intérieur. Laissant de côté tout ce que les guerres que la France a soutenues pendant vingt ans peuvent avoir d'injuste, d'impolitique, de commun avec les horreurs de la révolution; il n'en est pas moins vrai qu'elles ont retrempé l'âme d'un grand nombre de Français, et préservé une partie de la nation de cet état d'avilissement où conduisaient les doctrines et les mœurs de la fin du 18.ᵉ siècle : elles ont ranimé le sentiment de la gloire en France.

Honneur.   A ce sentiment tient celui de l'honneur, autre mobile si puissant chez nous, et que par suite Montesquieu a regardé comme le principe de l'ancien gouvernement français, et du gouvernement monarchique en général. Chez une nation où l'honneur, avec ses inflexibles maximes, est la suprême loi, où celui qui les observe s'estime soi-même, où celui qui les transgresse est vil et lâche au jugement de tous, où il faut savoir courageusement périr plutôt que de les enfreindre, où l'on méprise la vie dès que l'honneur le commande; chez une telle nation, dis-je, un Roi ne peut être un despote; lorsqu'il aurait étouffé le principe de l'honneur dans quelques-uns, il le retrouverait, avec toutes ses résistances, dans les autres. — Que nos Rois entretiennent ce principe sacré de l'honneur; c'est leur *palladium* comme celui de la monarchie française! Ils lui doivent sa restauration en 1814, sa conservation en 1820, ainsi que nous le verrons par la suite; et peut-être encore un jour, un secret pressentiment me le dit, lui seront-ils de nouveau redevables de son salut et du leur. Parmi ses impérieuses maximes, se trouvent aussi celles de tenir inviolablement sa parole (et ses sermens), de ne jamais trahir celui envers lequel on est engagé, de mourir plutôt que de quitter le poste qu'on s'est engagé à défendre, de servir loyalement son Roi, de lui obéir (sauf ses propres droits), de hasarder sa vie pour lui comme pour la patrie.

Note. Malheureusement le gouvernement, égaré par une influence étrangère, qui n'appréciait pas le caractère national, a semblé un instant vouloir faire violence à ce sentiment d'honneur. Il est possible qu'ailleurs un fils tolère près de lui le meurtrier de son père; mais en France c'est impossible. Lorsqu'on a vu, près de Louis XVIII, un assassin de son frère, un Ministre qui se faisait un jeu de trahir ceux qui se confiaient en lui, tous les hommes d'honneur ont été scandalisés. Une partie d'entr'eux ne put croire qu'un pareil Ministre, au lieu d'ordres émanés du Roi, n'en transmît de supposés et de criminels, et elle méconnut ceux qu'il donnait; la Vendée refusa de rendre les armes; ailleurs, des royalistes, sans pressentir les conséquences de leur fausse conduite, se réunirent en sociétés secrètes, se donnèrent des chefs, alors qu'ils n'en devaient recevoir que du Roi. — A cette même époque, toute la classe supérieure de la nation, mue par un sentiment d'honneur, s'indigna contre les auteurs de la trahison du mois de mars 1815 : ils avaient précipité la France dans un abîme de malheurs : on cria vengeance. Le ministère chercha à modérer ce mouvement, il le devait; mais il alla plus loin, il chercha à en flétrir le principe honorable. Il envoya, pour présider quelques-uns des colléges électoraux, qu'il savait devoir être les organes du vœu national, des hommes même contre lesquels ce vœu se prononçait, les chefs (Lanjuinais, Flangergues, etc.) de cette assemblée qui venait de proscrire le Roi, sa dynastie, de sanctionner l'usurpation, etc.; elle les mit, sur une même liste, avec les princes du sang royal, et avec ce que la France fidèle avait de plus éminent. Ce manque de convenances, chez un peuple si délicat à ce sujet, ne fit qu'irriter davantage les colléges électoraux; et presque tous demandèrent, de la manière la plus formelle, la punition exemplaire des principaux traîtres et des régicides. Le Ministre, coupable sous ces deux rapports, s'était retiré devant ce mouvement d'indignation; mais il avait laissé, dans le ministère qui suivit, un reste de son opposition à un sentiment tout-à-fait national. Lorsque les Chambres furent assemblées, ce ministère y montra un intérêt vraiment inconcevable pour les régicides qui avaient encore, malgré une première amnistie, pris part à la nouvelle trahison. Les Députés, conformément à leur mandat, demandèrent qu'on lavât la nation du reproche d'avoir participé au plus grand forfait politique qui souille nos annales, forfait qu'elle avait en horreur, et dont Bonaparte lui-même, teint du sang d'un Bourbon, avait manifesté presque publiquement le désir de punir les auteurs, en les éloignant de France. Le gouvernement employa tous ses moyens pour mettre obstacle à l'émission de la demande ; mais lorsqu'il fallut prononcer, la voix de l'honneur se fit entendre, un cri chevaleresque, suivi de *Vive le Roi, quand même !* retentit dans la salle ; cette voix fit taire toutes les considérations particulières, toutes les promesses engagées, et l'assemblée entière (deux ou trois membres exceptés) se leva pour repousser du sol français les juridiques assassins de Louis XVI.

Ce qui arriva alors se répétera en toute circonstance : chez le Français, même le plus royaliste, ce qu'on doit à l'*honneur* passe avant ce qu'on doit au *Roi*. Que le gouvernement ne mette jamais ces deux devoirs en opposition ; sans le moindre doute, l'un l'emportera sur l'autre. Qu'il ne cherche ni à étouffer ni à dénaturer le principe de cette préférence ; mais qu'il s'en saisisse, qu'il le dirige, rien ne lui sera plus facile. C'est le Roi que les Français veulent voir à leur tête, et ils suivront partout, avec pleine confiance, celui qui leur redira : mes enfans, ralliez-vous à mon panache blanc ; vous le verrez toujours au chemin de l'honneur et de la gloire.

En définitive, et rentrant dans notre question, si l'on avait à conclure, en fait de gouvernement,

du caractère mobile, léger, vif, spirituel et brave
des Français, on dirait qu'un chef, un Roi courageux, avec des formes françaises, en excitant
le sentiment de l'honneur et de la gloire, en fera
à peu près tout ce qu'il voudra, et que finalement
tout le galimatias de nos métaphysiciens et de nos
constitutionnels ne sera, pour eux, qu'un objet de
risée et de mépris.

CHAPITRE III.

REMARQUES SUR LA CHARTE.

Notre Charte constitutionnelle peut être considérée comme renfermant deux parties distinctes.

L'une est une reconnaissance explicite des droits
des Français, droits sur la presque totalité desquels les opinions étaient depuis long-temps una-
nimes. De plus, elle garantit l'inviolabilité de la
vente des propriétés dites *nationales* : l'impérieuse
raison d'État commandait cette disposition ; la
Charte était une vraie transaction entre deux partis
qui s'étaient fait la guerre. Si cette première portion était à refaire, je crois, encore aujourd'hui,
qu'il faudrait, pour le fond, la reproduire telle
qu'elle est.

Quant à la seconde, celle qui fixe la forme du
gouvernement, je pense qu'elle pouvait plus faire
pour la tranquillité publique et la stabilité dans
l'État. Certainement elle l'eût fait, si elle n'eût
pas été donnée à une époque où l'on sortait d'une
forte compression : il est rare qu'en sortant d'un
excès on ne penche plus ou moins vers l'excès
opposé.

Ainsi, l'article qui établit le vote *annuel* de l'impôt
me semble contenir un germe de subversion pour
l'État, et détruire l'ordre hiérarchique établi entre

Sur le vote annuel de l'impôt.

les pouvoirs constitués. Trois volontés sont annuellement nécessaires pour lever des impôts en France.
S'il ne s'agissait que d'une loi à rendre, lorsqu'une
des volontés serait négative, le mal ne serait pas
grand; les choses resteraient dans l'état primitif,
jusqu'à ce que l'évidente nécessité, ou le cri public, eût amené l'unanimité. Mais la loi de l'impôt
est d'urgence, et il est absolument nécessaire
qu'elle soit rendue chaque année : rien ne saurait
la suppléer. Cependant, il faudrait bien peu connaître les hommes, pour ne pas prévoir que, dans
un court espace de temps, une des trois branches
de la législature, supposées pleinement indépendantes, aura une volonté différente des deux autres. Dès-lors point d'impôt; les créanciers de l'État
ne seraient pas payés, et il y aurait banqueroute;
l'armée, n'ayant plus de solde, se débanderait; les
tribunaux se fermeraient, l'administration s'ar-
rêterait, etc., et l'ordre social seroit menacé de
dissolution. Chance terrible! pour la prévenir,
deux volontés céderont à la troisième, et précisément à celle qui aura le moins à redouter cette
dissolution, ou le moins à perdre à une révolution
dans le gouvernement. Le Roi, qui aurait le plus à
perdre, qui, dans ce mouvement, compromettrait
sa couronne et son existence, cédera le plus aisément; il en passera par tout ce qu'on voudra, pour
avoir un budget : ce ne sera plus une volonté indépendante, et le pouvoir que la Charte avait

placé, et voulu placer, en première ligne, ne le sera plus qu'en dernière. — Il me semble que si la Charte avait établi, comme pour la liste civile, qu'au commencement de chaque règne il serait fixé un *minimum* d'impôt, un impôt *ordinaire* (ce qui serait strictement nécessaire pour satisfaire les engagemens publics, et pour que la machine de l'État ne tombât pas), et qu'ensuite il ne pourrait y être fait aucune augmentation annuelle, ou mis aucun impôt *extraordinaire*, sans le concours des trois branches de la législature, le libre vote n'en eût pas été moins conservé; et chaque année, la tranquillité publique, ou même l'existence de l'État, n'eût pas été compromise, et le jeu des divers pouvoirs établis par la Charte eût été assuré.

Cette loi fondamentale a bien statué qu'aucun impôt ne pourrait être établi sans le consentement des deux Chambres, et naturellement, comme il en était autrefois, la disposition en demeurait au Roi; mais pour ne pas l'avoir dit explicitement, la Chambre des députés s'est emparée de fait de cette attribution majeure. Je reviendrai plus bas sur cet objet, me bornant à observer que quelques-unes des Chartes publiées en Allemagne, sur le modèle de la nôtre, et pour prévenir toute fausse interprétation, ont positivement statué que l'impôt serait voté sans condition.

La Charte a prévu qu'il pouvait s'élever un différend entre le Roi et la Chambre des députés; et

Sur la dissolution de la Chambre.

pour assurer le magistrat suprême et incommutable, garantir son incommutabilité contre les magistrats commutables, elle a donné au premier le
droit de dissoudre la Chambre, et d'en convoquer
une autre. L'effet qu'on voulait obtenir sera fort
souvent manqué si les mêmes députés peuvent
être réélus; c'était le droit de congédier les magistrats commutables, et de demander qu'il en fût
envoyé d'autres, qu'il fallait donner, pour que la
garantie fût réelle. Si le différend était relatif à
un objet matériel, tel que le non consentement à
une loi que le Roi croit nécessaire, les colléges
électoraux, s'il partageaient l'avis de leurs premiers
députés, en enverraient d'autres du même avis, et
le vœu national sur cette loi serait encore exprimé :
je dirai même qu'il le serait plus certainement,
puisque ce seraient de nouveaux députés qui vien-
draient reproduire l'opinion des anciens. Mais si le
différend est entre les personnes, et souvent aussi
il le sera, et qu'on renomme les mêmes députés,
alors la mesure que le Roi avait prise dans son intérêt tourne à son détriment et à sa confusion; le
remède devient pire que le mal. Je quitte le langage
de la fiction, ce langage de courtoisie par lequel,
lorsqu'il s'agit de blâmer des actes de la royauté,
on ne blâme que les Ministres, quoique dans le
fond le Roi ait fait ou voulu ces actes, et que la
constitution lui donne, à lui nominativement, le
droit de les faire et de les vouloir : ainsi, le Roi en

personne peut être en différend avec des chefs de
la Chambre, soutenus par elle; ces chefs, par
exemple, veulent être Ministres; ils s'opposent
systématiquement à toutes les mesures que le Roi
croit devoir prendre; ils menacent de faire refuser
le budget; ils cherchent à se faire craindre de
toutes les manières, pour forcer le Roi à se livrer
entre leurs mains; le Roi ne le veut pas : poussé à
bout, il dissout la Chambre. Si les colléges électoraux partagent aussi l'opinion ou l'engouement
du jour (l'engouement que presque toute la France
avait pour M. Necker, en juin 1789), qu'ils ren-
voient à la Chambre les mêmes députés et les mêmes
chefs, c'en est fait, le Roi est livré malgré lui.
C'est une nécessité, une conséquence du gouvernement représentatif, dit-on; l'appel du différend
a été fait aux colléges électoraux, et ils ont prononcé en faveur des députés. La théorie, comme
les convenances, repoussent une telle manière de
voir; elle ne peut découler que du principe de la
souveraineté du peuple, laquelle serait exercée,
dans ce cas, par les colléges électoraux : la royauté
serait à leur disposition. Cette théorie mettrait sur
la même ligne le magistrat incommutable et le
magistrat commutable; elle opposerait des sujets
au Roi; elle ôterait au premier des pouvoirs qu'elle
a établi, toute son indépendance, et rendrait mensongères toutes les attributions qu'elle lui a données. Pour les maintenir, il eût fallu qu'elle eût

porté, qu'en cas de dissolution de la Chambre, les députés sortans ne pourraient être renommés à la Chambre immédiatement convoquée. Dès-lors des députés ne remueraient pas l'État dans le seul intérêt de leur ambition ; la dissolution anéantirait leur influence, et par suite leur espoir : leurs attaques porteraient plus alors sur les actes que sur les personnes des Ministres ; et ceux-ci, au lieu d'employer presque tous les moyens du gouvernement à se soutenir dans une guerre de personnes, s'occuperaient plus de leurs actes et de leur ministère. On ne doit pas craindre que toute opposition fût anéantie, l'expérience nous prouve qu'il peut y avoir des opposans même sans l'espoir d'être portés au gouvernement.

Sur la publicité des discussions. La Charte a encore rendu la publicité aux discussions de la Chambre élective : en d'autres termes, elle a rouvert la lice à tous les athlètes politiques ; elle a rendu des organes, et des organes retentissant dans toute la France, à toutes les passions, à toutes les haines et à tous les partis ; et cela chez un peuple qui n'était que trop divisé ! Ignorait-on qu'on ne pourrait monter à la tribune de cette Chambre, ou du moins y obtenir un plein succès, qu'en y tenant le langage d'un tribun du peuple ? Quel est l'homme simple qui a pu croire que la froide raison, les principes conservateurs, le rappel au devoir et à l'obéissance y lutteraient avec avantage contre la chaleur des passions, les

doctrines flatteuses pour la multitude, les appels
à la liberté et les excitations au mouvement? Qui
ne savait qu'on est bien plus fort lorsqu'on attaque
que lorsqu'on se défend; qu'on écoute avec bien
plus de plaisir la satire que l'apologie de l'homme
en place; et qu'en traduisant ainsi, dès l'origine, le
gouvernement royal à la tribune, on le plaçait
dans une position désavantageuse, alors qu'il fallait
commencer par le bien asseoir? L'expérience de
douze ans n'avait-elle pas assez appris que nos assemblées, délibérant en public, avaient fait beaucoup de mal et très-peu de bien? Et encore, il y
a quelques années, n'avons-nous pas vu les propos
audacieux et déhontés, les maximes et les provo-
cations séditieuses, partis de la tribune, courir
toute la France avec la rapidité de l'étincelle élec-
trique, y agiter les esprits, y mouvoir des tur-
bulens? Le mal était si manifeste, que des personnes, attachées d'ailleurs à la forme actuelle du
gouvernement, ont pensé que s'il n'y était porté
remède, la tranquillité ne pourrait être rétablie
en France : les conseils municipaux de plusieurs de
nos villes ont fait des adresses au Roi, à l'effet de
réclamer ces mesures. L'Angleterre a joui pendant
long-temps des avantages de sa constitution, sans
la publicité des discussions parlementaires. — On
va dire qu'en attaquant celle des discussions de
notre Chambre des députés, j'attaque l'âme du
gouvernement représentatif. Je ne sais trop ce

qu'est un tel gouvernement ; mais je sais ce qu'est la tranquillité publique, et je crois avoir raisonné juste dans son intérêt. Je crois encore que cette publicité a retardé de quelques années, en France, le bienfait de la pacification. Mais enfin, puisque nous jouissons maintenant de ce bienfait, j'y verrai moins d'inconvéniens. D'ailleurs, en ce qui me concerne personnellement, cette publicité est bien loin de me déplaire; les débats vifs et animés auxquels elle donne lieu, me procurent, de temps à autre, une lecture souvent fort intéressante. Mais la chose publique doit-elle me fournir cette récréation ?

Respect dû à la Charte. Au reste, que la Charte soit parfaite ou qu'elle ne le soit pas, elle n'en est pas moins la loi fondamentale de l'État. Comme telle, il faut non-seulement s'y soumettre, mais encore la respecter, et la regarder presque comme un objet sacré; c'est l'arche sainte à laquelle il n'est permis de toucher que dans des cas extrêmes : même pour les améliorations dont elle peut être susceptible, il faut attendre que l'expérience en ait constaté l'impérieuse nécessité; et il faudrait que des formes de révision, préalablement établies, garantissent de précipitation et d'entraînement à cet égard. Il faut enfin de la stabilité dans nos institutions; et comment en espérer, si on peut changer l'institution fondamentale selon le caprice du jour ou la velléité d'un Ministre, et selon même le besoin d'un mo-

ment? « La Charte, est-il dit dans un admirable
» discours de M. Royer-Colard, est maintenant
» toute notre histoire ; elle est le fait unique et
» suprême. Par la hauteur de son origine, elle
» est, dans le cours ordinaire des choses, au-dessus
» de l'atteinte des pouvoirs qui sont son ouvrage ;
» comme transaction et pacification, elle est invio-
» lable; comme loi fondamentale, ce n'est pas à
» la théorie à se mesurer avec elle. S'il est permis
» de recommencer la Charte pour mieux faire,
» il n'y a point de Charte. »

Telle qu'elle est, elle satisfait d'ailleurs pleinement tous les intérêts populaires : j'invoquerai, en
témoignage, celui que nos prétendus libéraux de-
vraient le moins récuser, celui qui, sous l'empire,
a le plus fortement défendu les institutions répu-
blicaines, Carnot. La Charte, franchement exécutée, dit-il, fait assez pour les libertés publiques.
Cependant, et en réalité, ces libéraux ne la veulent
point, même ceux d'entr'eux qui, placés comme
par hasard dans le parti royaliste, voudraient gouverner avec les hommes de ce parti, mais avec les
doctrines démocratiques : dans tous leurs écrits,
on trouve des demandes explicites ou implicites qui
la dénaturent entièrement. Quelques-uns de ceux
qui crient bien haut *Vive la Charte !* m'ont dit
qu'ils la trouvaient fort mauvaise, et qu'ils en voudraient bien une autre : ils y tiennent, en ce sens
seulement, que c'est un pas fait de la monarchie

proprement dite à la république (dût, pour quelques-uns, un fantôme de Roi figurer, mais de
nom seulement, dans cette république).

Si Carnot trouve que franchement exécutée elle
fait assez pour les libertés publiques, je crois aussi
que strictement suivie, dans sa lettre comme dans
l'esprit qui l'a dictée, elle laisse encore assez à
l'autorité royale pour que notre gouvernement
soit monarchique ; et par un tel gouvernement
j'entends, avec Montesquieu, *celui où un seul gouverne, mais par des lois fixes et établies.* Le pouvoir législatif y est partagé entre le Roi et les deux
Chambres ; mais encore la plus grande part en est
dévolue au Roi : il est le commencement et la fin
de la loi ; il la propose et il la promulgue. Quant
à la puissance exécutive, il la possède en entier.
Aussi, sans établir de comparaison entre l'ancien et
le nouveau gouvernement, sans examiner si celui-
ci porte en lui des caractères qui lui promettent
une aussi longue durée, je n'en dirai pas moins
que le gouvernement de la Charte est aujourd'hui
le seul possible en France ; et tant qu'il restera ce
que la Charte l'a fait, un *système politique où le
Roi est la puissance prépondérante, celle qui dirige
exclusivement tout le système,* ce gouvernement
convient à la France actuelle, et peut satisfaire
ses besoins.

Toutefois, le Roi, s'il veut être le Roi mentionné
aux articles 13, 14, 16, etc., de cette loi consti-

tutionnelle, se trouve comme sur la brèche; il y est tenu à une défensive continuelle. La Charte, plutôt que d'asseoir son autorité sur des bases naturelles, l'a comme placée sur un plan fortement incliné vers la partie démocratique du gouvernement, la Chambre des députés : il faut une action continuelle pour l'empêcher de glisser et d'y descendre. Par suite de cette position, le Roi a le plus grand intérêt à maintenir la Charte dans toute son intégrité : tout changement que l'on y ferait serait au détriment de son autorité; la démocratie, alors même qu'elle n'est pas dans tous les cœurs et dans tous les intérêts, n'en est pas moins dans presque toutes les têtes; les royalistes, comme les libéraux, ne savent guère que faire de la démocratie : nous l'avons déjà remarqué.

Note. Tous les changemens déjà opérés, ou qui ont été sur le point de l'être, ne justifient que trop mon assertion.

D'après l'article 36, le nombre des députés devait être de 260, et une loi de 1820 le porte à 430. Le Ministre (M. Siméon) qui proposait cette mesure, en donnait pour motif qu'elle accroîtrait la force de la Chambre des députés. Et c'est un Ministre du Roi, qui proposait d'accroître la force d'une puissance rivale de celle du Roi, et qui ne cessait d'empiéter sur lui !

L'article suivant voulait que la Chambre des députés fût renouvelée, chaque année, par cinquième; et en dernier lieu, on a formellement changé cette disposition fondamentale. Des considérations de tranquillité publique, le repos du moment, il est vrai, ont milité en faveur du changement : mais est-il

Tous les changemens déjà faits à la Charte sont au préjudice du pouvoir royal.

positif qu'il est encore plus dans les intérêts de la Chambre que
dans ceux de la couronne? On a allégué, comme un des motifs, qu'il fallait sept ans, et une Chambre septennale, pour
faire ces institutions tant réclamées. Les institutions faites,
nous rendra-t-on la Chambre de cinq ans avec son renouvellement partiel? ou une nouvelle Chambre septennale fera-t-
elle encore de nouvelles institutions? Chaque sept ans, des
institutions! ce serait bien le moyen le plus certain de n'en
avoir aucune.

D'après l'article 37, on ne peut être admis dans la Chambre
des députés, si l'on n'est âgé de plus de 40 ans : cette mesure
a été évidemment prise dans l'intérêt du trône et de la tranquillité publique; et déjà trois fois des Ministres du Roi ont
essayé de renverser cette disposition salutaire. Avaient-ils donc
oublié que notre jeunesse est imprégnée de principes et de sentimens anti-monarchiques; que les jeunes gens se plaisent dans
le mouvement, et qu'il faut à la France du repos; que les
jeunes gens méprisent ce qui est ancien, et que l'existence et
la force de la royauté se rattachaient à d'anciens souvenirs;
que les jeunes gens sont peu respectueux, et que la royauté
veut être entourée de respects? Avaient-ils oublié qu'à l'époque
de la Fronde, ce fut la jeune *cohue des enquêtes* qui poussa
le parlement à faire la guerre au Roi; et que, dans notre âge,
ce fut la *jeunesse imprudente dont une Cour abusée avait en-
combré la magistrature* (1), qui, égarant un instant ce même
parlement, lui fit faire cette démarche inconsidérée, qui oc-
casionna sa ruine, et commença notre malheureuse révolution? Indépendamment des leçons d'une expérience récente,
avaient-ils oublié celles des temps anciens, celles qui avaient
porté les plus célèbres législateurs de l'antiquité à éloigner les
jeunes gens des corps chargés de donner ou de proposer les

(1) Expressions du rapporteur (M. de Frenilly) de la commission
du budget, à la Chambre de 1824.

lois, même dans des républiques? Suivant les institutions de Lycurgue, on ne pouvait entrer dans le sénat de Sparte qu'après soixante ans, et le sénat seul proposait les lois ; les sénateurs seuls avaient le droit de les discuter et de porter la parole devant le peuple : celui-ci, après les avoir entendus, n'avait qu'à accepter ou à rejeter leurs propositions. (Plutarque, *Vie de Lycurgue*, §. 9, 10, 55). Dans les assemblées du peuple souverain, à Athènes, Solon avait établi, que les premiers qui parleraient sur les propositions du sénat, seraient âgés de plus de cinquante ans, tant il craignait l'entraînement auquel la fougue et l'imprévoyance de la jeunesse peut donner lieu. (*Voy. d'Anacharsis*, tom. 1). Je rendrai grâces aux Ministres qui, plus fidèles dépositaires de l'autorité qui leur était confiée, ou plus clairvoyans en matière d'État, ont repoussé, en dernier lieu, la proposition qui leur était faite par un de leurs collègues d'enfreindre encore un des articles de la Charte, et cela au détriment du pouvoir royal et de la chose publique.

L'article 16 dit que le Roi propose la loi ; et avec le système d'amendement adopté par les Chambres, cette disposition constitutionnelle est en partie éludée. D'après l'article 46, aucun amendement ne peut être fait s'il n'a été consenti par le Roi, et s'il n'a été renvoyé et discuté dans les bureaux des Chambres ; et la jurisprudence suivie par les Chambres est en pleine opposition avec cet article.

En traitant, par la suite, des variations que l'autorité royale a éprouvées depuis la restauration, je parlerai plus au long de ces empiètemens, et de quelques autres, sur l'autorité royale : qu'il me suffise maintenant de remarquer que tous les changemens faits, implicitement ou explicitement à la Charte, sont au préjudice de cette autorité, et à l'avantage des Chambres, et notamment de la Chambre des députés ; qu'ils changent la nature et le principe du gouvernement, et qu'ils doivent tôt ou tard *absorber l'action du pouvoir royal dans la force toujours croissante de la Chambre élective;* et cela au dire d'un profond dialecticien, M. Royer-Colard, lequel, en zélé fauteur de la démocratie, n'a d'ailleurs que trop contribué à l'accroissement de cette force qui est aujourd'hui le sujet de ses appréhensions.

———

CHAPITRE IV.

DE LA JURISPRUDENCE A SUIVRE DANS L'EXÉCUTION DE LA CHARTE.

La Charte a posé les bases du gouvernement, mais elle n'a pourvu ni pu pourvoir aux détails; il faut y suppléer d'après l'esprit qui l'a dictée; il faut, d'après ce même esprit, expliquer et commenter les articles qui en ont besoin : pour ne pas être dans un vague continuel, et ne pas marcher au hasard, il faut, autant que possible, prendre, comme le disent les jurisconsultes, *in subsidium juris*, des lois existantes, ou des coutumes positives; en un mot, il faut, avant tout, fixer la jurisprudence ou marche à suivre dans l'exécution de la Charte.

A cet effet, on avait trois partis à prendre :

1.º Se régler sur les anciennes lois et coutumes de la monarchie française, en observant que le nouvel ordre des choses faisait suite à l'ancien;

2.º Se conformer à la constitution et aux usages de l'Angleterre, en alléguant que ce pays nous avait donné l'espèce de gouvernement dont nous jouissions;

3.º Admettre que le gouvernement français était un gouvernement représentatif, et suivre les conséquences de cette sorte de gouvernement, telles

qu'elles sont exposées par les publicistes modernes,
qui en ont établi et développé les théories.

Art. i. Recours aux anciens usages de la
Monarchie française.

Esprit de la Charte.

Le premier de ces modes semble indiqué par
l'esprit de la Charte. Dans le préambule de cet
acte, le Roi dit : En donnant *une constitution libre
et monarchique...., notre premier devoir envers nos
peuples est de conserver, pour leur propre intérêt, les droits et prérogatives de notre couronne :*
d'où l'on conclut naturellement « que tout ce que le
» Roi n'a pas concédé par la Charte est resté inhé-
» rent à son autorité, et qu'il lui appartient au même
» titre que le possédaient ses augustes ancêtres. »
C'est ainsi que s'exprimait, en 1816, à la Chambre
des pairs, une commission par l'organe d'un publiciste distingué, Garnier. Le législateur ajoute
encore, dans ce préambule, que les principes de
la Charte ont été pris dans le *caractère français,
et dans les monumens vénérables des siècles passés,*
et qu'on a cherché à *renouer la chaîne des temps :*
ainsi, la Charte ne serait au fond que les anciennes constitutions françaises, modifiées et per-
fectionnées d'après les besoins et l'esprit des temps.

La Charte renoue la chaîne des temps.

Cette manière de présenter notre loi constitutionnelle était bien politique, tant dans l'intérêt
du Roi que dans celui de la nation. Les droits en
vertu desquels Louis XVIII allait régner n'étaient

qu'un héritage de ses ancêtres ; pour qu'il y eût
harmonie, ceux de la nation étaient reconnus au
même titre. On prenait dans nos anciennes institutions ce qu'il y avait de plus favorable au peuple,
et qui se rapportait en même temps aux usages
établis et aux faits existans ; on le fondait en un
seul tout, qui devenait la constitution de l'État.
Sans cesser d'être vrai, pour le fond, on pouvait
bien en agir ainsi ; car, de tout temps, il avait été
de droit public que *tout en France se fait par
justice, que les Rois n'y régnent que par les
lois :* dès l'origine, ils en faisaient le serment so-
lennel en prenant la couronne (1). Il y était de
droit public que *la propriété et la liberté y sont
sacrées ; que nul ne peut être distrait de ses juges
naturels :* les abus (commissions judiciaires) et les
exceptions (lettres de cachet) ne prouvaient pas
contre la règle ; ils étaient l'objet des réclamations
continuelles de nos parlemens. — Le vote des impôts
avait été regardé, jusque vers le milieu du 15.e
siècle, en France, ainsi que dans tout le reste de
l'Europe, comme un droit de la nation : Commines,
ancien Ministre de Louis XI, qui écrivait un peu
après cette époque, anathématise la doctrine contraire (2). Les états-généraux ont encore exercé

---

(1) *Promitto coram Deo... populo nobis subdito... dispensationem
legum in jure suo.* (Serment de Hugues Capet.)

(2) Y a-t-il Roi sur terre qui ait pouvoir, outre son domaine, de
mettre un denier sur ses sujets, sans octroi et consentement de ceux

pleinement ce droit en 1484 ; ils l'ont encore
exercé, par un refus, en 1576 : c'est en disant
qu'il appartenait exclusivement aux états-généraux,
qu'en 1787, le parlement de Paris refusa d'enregistrer un édit du Roi portant création d'un nouvel
impôt, demanda et obtint leur convocation. Dans
une assez grande partie du royaume, dans les pays
d'états, au moment même de la révolution, l'impôt
n'était levé que du consentement de ces états. En
Languedoc, l'impôt était un don gratuit, que les
états marchandaient, tous les ans, avec les commissaires du Roi; qu'ils avaient marchandé et librement octroyé sous Richelieu et Louis XIV, et
dont ils faisaient eux-mêmes la répartition et le
recouvrement. Je ne sais pas même s'il n'est pas
plus aisé aux Ministres actuels de faire passer un
énorme budget à la Chambre des députés, qu'à
leurs prédécesseurs d'obtenir des états de Bretagne
un contingent souvent très-disputé à l'impôt général, et même que de faire enregistrer au parlement un édit bursal. — La puissance législative,
il est vrai, appartenait au Roi seul, sauf l'enregis-
trement aux parlemens; il l'exerçait, sans contradiction, depuis plus de huit siècles : la maxime
des jurisconsultes était, *si veut le Roi, si veut la*

qui doivent le payer, sinon par tyrannie et violence?..... Notre Roi
est le seigneur du monde qui, le moins, a cause d'user de ce mot de
dire : *J'ai privilége de lever sur mes subiets ce qui me plaist.* Le Roi
Charles V ne le disait pas; aussi ne l'ay-ie point ouï-dire aux Roys.
(Commines, liv. 5, ch. 18.)

loi; celle des magistrats était, éclairer le Prince et lui obéir : « Je vais à la Cour, disait le premier président Matthieu Molé à sa compagnie; j'y dirai toute la vérité, et puis il faudra obéir au Roi; » et Matthieu Molé, qui eût honoré les plus beaux temps de l'ancienne Rome, n'était pas une âme servile. Que notre génération ne s'afflige pas de ce qu'il a existé, en France, un tel état de choses; elle lui doit la plus belle législation qu'il y ait peut-être jamais eu. Mais enfin, à d'autres époques de la monarchie, la nation avait participé, par ses grands, à la législation; et l'on disait, à peu près comme la Charte dit aujourd'hui : *Lex fit consensu populi et constitutione regis* (1). Dans la séance royale des états-généraux, du 23 juin 1789, jour où la volonté royale, portant encore des actes de sa munificence et de son amour pour le peuple, fut entendue pour la dernière fois, et où, quelques instans après, le pouvoir des Rois de France cessa d'exister, Louis XVI avait admis la participation pour l'avenir; il avait également octroyé la liberté de conscience, l'égalité en matière d'imposition et d'admission aux emplois, et même la liberté de la presse. Ainsi, et sans remonter bien haut, il n'était pas difficile au Roi-législateur de renouer la chaîne des temps.

(1) *Consensu populi, inquam, non quidem hominum è trivio, sed fidelium regis, id est hominum principum, optimatum et procerum qui sunt capita populi.* (BALUZE, Capitul. de Charlemagne.)

6

Note. Remarquons avec quel soin et presque avec quelle religion les Anglais tiennent à ce que cette chaîne n'éprouve aucune interruption ; ils ne voient, et ne veulent voir, dans tous leurs droits et libertés, qu'une succession, un héritage de leurs ancêtres : c'est l'âme de leur esprit constitutionnel. En 1628, présentant à Charles I.er la *Pétition des droits*, un des principaux actes limitatifs de l'autorité royale, ils lui disent : *Vos sujets ont hérité de cette liberté.* A la révolution de 1688, dans leur fameuse *Déclaration des droits*, lorsque le champ était en quelque sorte libre, que quelques membres du parlement y demandaient l'établissement d'un gouvernement entièrement républicain, et que les *Whigs* avaient la prépondérance, ce corps se borna à supplier le Roi qu'on mettait sur le trône : « Qu'il soit déclaré et arrêté que tous et chacun des » droits et libertés, affirmés et rapportés dans lesdites décla- » rations, sont les vrais, *anciens* et incontestables droits et » libertés du peuple de ce royaume. » Même, lorsque pour cause majeure, pour cause de Religion, les Anglais altèrent l'ordre de succession, ils cherchent, autant que possible, à pallier et même à dissimuler ce mal devenu nécessaire à leurs yeux : « le Roi Jacques II, disent-ils, s'étant retiré du royaume, » a abdiqué le gouvernement, et le trône est ainsi vacant : » ils mettent à sa place sa fille aînée (avec son mari) le plus proche parent, de la religion protestante, et ils « remercient » la Providence d'avoir conservé leurs majestés, et de les » avoir fait régner heureusement sur le trône de leurs ancê- » tres. » Leurs jurisconsultes ont grand soin de présenter l'exclusion de la ligne catholique, comme un acte qu'il faut infirmer, et dont on ne saurait se prévaloir : *Privilegium non transit in exemplum.* Ils veulent que chez eux tout soit anglais ; ils ne veulent, disent-ils, greffer sur le corps de leurs libertés, sur cette source d'héritage, aucun rejeton qui ne soit de la plante originaire. Même dans le matériel de leur législation, et dans le simple cérémonial, ils mettent une vraie politique à conserver tout ce qui est ancien , tout ce qui leur rappelle les ancêtres : c'est encore en vieux français , dans le langage porté , il y a près de huit cents ans , par Guillaume le Conquérant , que le Roi en parlement annonce son approbation ou son refus aux bills ; et nous avons vu quel antique cérémonial on a suivi , en dernier lieu , au couronnement de Georges IV.

Je sais bien que MM. Bignon, Manuel, etc., s'élèvent avec passion contre cette manière d'agir et de voir , qu'ils veulent un abîme sans fond entre le présent et le passé, qu'ils ne veulent plus rien de ce qui était en 1789, qu'ils ne veulent pas que Louis XVIII ait tenu de sa naissance aucun de ses droits; mais ce sont exactement les raisons qui portent MM. Bignon, Manuel, etc., à vouloir qu'il en soit ainsi, qui doivent nous porter à désirer le contraire. Je sais bien encore que quelques écrivains prétendus royalistes, dans un bizarre et incohérent amalgame de principes monarchiques et républicains (faisant en réalité de la république, alors qu'ils parlent encore monarchie), novateurs prononcés, ne voient qu'un ordre de choses absolument nouveau, et l'appuient de toute leur éloquence : j'opposerai les doctrines d'un publiciste bien éloquent aussi, d'un des plus grands orateurs du parlement d'Angleterre, d'un homme d'état consommé, du célèbre Burke : « Le vrai patriote, » disait-il, considérera toujours quel est le meilleur » parti qu'on peut tirer des matériaux existans » dans sa patrie : *penchant à conserver, talent*

6.

» *d'améliorer*, voilà les deux qualités réunies qui
» font juger de la bonté d'un homme d'état. Toute
» autre chose est vulgaire dans l'invention et pé-
» rilleuse dans l'exécution..... L'esprit d'innovation
» n'est en général que le résultat combiné de vues
» intéressées, étroites ou irréfléchies. »

Suprématie, en Europe, de l'ancienne France. Je ne sais d'ailleurs quelle satisfaction on peut trouver, ou quel avantage on peut espérer à déprimer sa nation, comme un certain parti ne cesse de le faire; à nous représenter la nôtre comme n'existant que d'hier seulement; comme n'ayant été qu'un tas de misérables plongés dans l'horreur de l'esclavage et l'abjection de la servitude, jusqu'à la glorieuse époque du *sans-culotisme*. C'est bien peu patriotique, bien peu français, et c'est d'ailleurs entièrement faux. Depuis plus de trois siècles avant la révolution, le peuple français marchait en tête dans la civilisation de l'univers : il était le premier en matière de législation et d'administration publique, comme dans les sciences morales et physiques. (Cujas, l'Hôpital, de Thou, Montaigne, Descartes, etc.) Pendant près de deux siècles, il a été le peuple le plus puissant et le plus considéré de l'Europe, à laquelle il a, en quelque sorte, donné ses mœurs et son langage. Nulle part les lois n'étaient meilleures, leur autorité plus généralement admise, et le corps chargé de les appliquer, le pouvoir judiciaire, n'était plus fortement constitué; et par suite, nulle part la masse des

citoyens n'a joui de plus de liberté réelle. Un profond historien (Machiavel), pleinement instruit
des institutions et de la politique de son temps,
écrivait, au commencement du 16.ᵉ siècle (1515) :
« Entre les royaumes bien policés, la France oc-
» cupe le premier rang : mille choses excellentes
» s'y trouvent établies pour la sûreté des Rois, et
» la liberté des sujets... Ce royaume obéit plus aux .
» lois que tout autre. (*El principe*, ch. 19 ; et
» *Disc. sur Tite-Live*) »

Note. Jusque vers la fin du 17.ᵉ siècle (1688), la France
était incontestablement supérieure à l'Angleterre sous le rapport des lois, et même de la liberté du citoyen. Un Roi de ce
dernier pays disait à son parlement, qu'il s'en ferait bien ac-
croire, s'il se croyait l'égal du parlement de Paris. Le grand
historien de l'Angleterre (Hume), parlant de ce qu'était le
gouvernement anglais, encore en 1604, dit qu'il ressemblait,
en quelque sorte, à ce qu'est aujourd'hui celui de la Turquie :
le Souverain y pouvait tout, excepté imposer des taxes. Encore
cet unique privilége du peuple était en partie éludé par les
droits d'emprunt, de *bénévolence*, de *pourvoyerie*, de monopo-
le, et autres prérogatives de la couronne. Quant à l'autorité
législative, le Roi en était regardé comme la source ; ses pro-
clamations avaient force de loi, elles dispensaient de leur
exécution ; et la Chambre étoilée, ou le Conseil privé, les
faisaient exécuter rigoureusement et arbitrairement. L'autorité
absolue du Monarque, son droit divin et l'obéissance passive,
étaient les maximes avouées et explicitement professées du
gouvernement, des universités et de l'Église d'Angleterre.
— Le sombre et artificieux Louis XI ne fut pas plus tyran
qu'Henri VII, et il le fut cent fois moins qu'Henri VIII : sous
ce dernier, on vit le parlement anglais dans un état de bassesse
et d'avilissement dont le nôtre n'offre aucun exemple ; secon-

dant, avec l'empressement le plus servile, toutes les passions
et tous les caprices du despote ; lui prostituant son autorité et
ses actes ; envoyant de suite à l'échafaud les femmes qu'il ne
voulait plus dans son lit, et les Ministres qu'il ne voulait plus
dans son cabinet. Leur fameuse Élisabeth commit des crimes ;
elle fut moins grande que Louis XIV ; elle fut aussi absolue,
aussi jalouse de son autorité ; elle défendait au parlement de
se mêler, en aucune manière, des affaires d'État ; au plus
léger sujet de mécontentement, elle en semonçait les membres ; elle les faisait enlever de dessus leurs bancs et conduire
à la Tour, sans la moindre forme de procès. Sous ses successeurs, durant cette longue lutte entre la couronne et le parlement ; à l'époque où de féroces covenantaires faisaient ruis-
seler le sang, où de fanatiques puritains regardaient comme
une des plus grandes abominations de baisser la tête en signe
de respect au nom du Christ, l'Angleterre ne semblait-elle
pas être placée aux antipodes de la civilisation ? Croit-on que
l'autorité des lois et la liberté du citoyen y fussent bien res-
pectées ? Croit-on qu'elles le fussent davantage sous le grossier
despotisme de Cromwell ? Plus tard encore, lorsque le parlement, tour à tour agent des désirs d'une Cour dépravée et des
haines populaires, proscrivait l'illustre Clarendon ; lorsqu'il
déclarait que le papisme était une idolâtrie ; lorsque, sous le
prétexte de conjurations supposées, sur les impostures d'un
Oatès, etc. ; il faisait monter sur l'échafaud des hommes dont
l'innocence était manifeste ; lorsqu'on faisait emprisonner les
Torys, malgré les dispositions positives des lois ; à une époque,
en un mot, où il n'y avait en Angleterre ni liberté intérieure,
ni considération extérieure, croit-on qu'il ne fût pas au moins
aussi glorieux d'être Français que d'être Anglais ?

Revenant à notre sujet, et ne voyant dans le
gouvernement actuel qu'une modification de l'ancien gouvernement, on peut conclure, avec la

commission de la Chambre des pairs, que j'ai déjà
cité : *Dans le cas où la Charte serait muette, les
anciennes constitutions françaises pourront suppléer
à son silence.*

ART. II. *Recours à la Constitution et aux usages*
de l'Angleterre.

D'autres ont voulu que ce supplément fût pris
dans la constitution et les usages parlementaires
de l'Angleterre, notre gouvernement ayant été
formé, disaient-ils, d'après celui de cet empire.

Tout est de mode en France, et l'anglomanie l'a
été, principalement dans les premières classes de
la société, depuis une cinquantaine d'années jusque vers ces derniers temps : ceux principalement
qui avaient taillé leurs habits à l'anglaise, voulaient
aussi y tailler notre constitution et nos lois. Tout
ce qui se faisait en Angleterre devait être fait en
France; on y proposait, comme modèle à suivre,
on y mettait même à l'essai des institutions dignes
de la barbarie du 10.ᵉ siècle, telle que l'unanimité
nécessaire dans le vote de douze jurés appelés à
prononcer journellement sur toutes sortes d'affaires. Mon patriotisme n'était pas trop flatté, j'en
conviens, de cet aveugle recours à ce qui se fait
chez l'étranger; et Français, je croyais que les
Français aussi pouvaient nous fournir des exemples à suivre.

Mais laissant la forme, je passe au fond. Je ne

connais assez ni l'Angleterre ni sa constitution,
pour pouvoir juger du vrai mérite de cette dernière. J'admettrai toutefois, si l'on veut, qu'elle
est excellente; j'admettrai, malgré quelques doutes
sur la longueur de sa durée à venir, malgré les
exagérations manifestes de ses admirateurs(1), que

---

(1) Je vois en Angleterre deux partis bien forts et bien prononcés :
l'un défend sa vieille et féodale existence; il a le pouvoir en main, et
il est bien résolu à en faire tout l'usage possible pour se défendre :
l'autre, celui des radicaux, veut réformer, c'est-à-dire, changer l'État;
il a pour lui le nombre, l'opinion publique, les doctrines modernes,
les avantages de l'offensive; ses chefs, Wilson et autres, sont bien ré-
solus d'en venir aux dernières extrémités pour triompher, et on ne
peut nier que ce ne soient de redoutables ennemis. Tout cela n'est pas
un symptôme d'une longue stabilité.

Certainement on exagère, lorsqu'on nous dit que c'est sa constitution politique qui a porté la nation anglaise au plus haut degré de
gloire, de puissance et de richesse. Vers le milieu du 18.e siècle, la
supériorité de puissance appartenait encore incontestablement à la
France; si pendant que celle-ci était en décadence, l'Angleterre s'éleva,
elle le dut principalement à la vigueur des hommes qui étaient à la tête
de ses affaires; on y avait lord Chatam, et nous étions loin d'avoir
des Richelieu : c'était bien plus une question entre les personnes
qu'entre les États, et tout le monde connaît le mot du grand Frédéric
à cette époque : *Si j'étais Roi de France, il ne se tirerait pas, en
Europe, un coup de canon sans ma permission.* Encore même, en
1788, la France étoit la puissance dominante, et l'Angleterre n'était
que la puissance rivale : si les rôles sont changés, si l'Angleterre s'est
élevée bien au-dessus, notamment par ses richesses, elle le doit à cette
malheureuse révolution, qui nous a fait si peu de bien et tant de
maux, au nombre desquels on doit mettre la perte du corps entier des
officiers de la marine, corps qui n'avait jamais été si distingué par son
instruction et ses moyens; elle le doit au caractère de Pitt; elle le doit
à sa position insulaire, qui lui rendait nécessaire une forte marine,
laquelle, par la perte de la nôtre, et par le succès de quelques batailles
navales, contre nos derniers restes, se trouva maîtresse absolue des

c'est la meilleure et la plus libérale des combinaisons que le temps et les circonstances aient pro-
duites en matière de gouvernement. Mais je dirai,
avec M. Cuvier : « Heureux ouvrage de la fortune;
» c'est l'airain de Corinthe, né, par accident, dans
» une grande conflagration, et qu'aucun art hu-
» main ne saurait imiter! » Mais de ce que cette
constitution est excellente en Angleterre où elle
est en pleine harmonie avec les mœurs, les coutumes, les institutions et la position géographique,
s'ensuit-il qu'elle doive être aussi bonne chez une
autre nation, où les mœurs, les coutumes, les institutions et la position sont totalement différentes?
Tous les publicistes, Rousseau comme Montesquieu, répondront négativement. De plus, les
Anglais ont reçu cette constitution en héritage de
leurs ancêtres; ils y tiennent comme à un bien
patrimonial qui est, depuis des siècles, dans leur
famille : par suite, elle a poussé de profondes racines dans leur cœur, et elle a ainsi acquis chez eux
une base et une stabilité qu'elle ne saurait avoir
sur un sol étranger.

En Angleterre même, au jugement des hommes
d'état de ce pays, elle n'est bonne qu'avec ses dé-

La constitu-
tion anglaise
ne saurait
convenir à
la France.

mers, et par suite du commerce et des richesses du monde. Son étonnante industrie, l'Angleterre la doit à ses immenses mines de charbon
de terre, réunies à des mines de fer, au génie de Watt perfectionnant
les machines à vapeur, au caractère soigneux de ses habitans qui en
fait de très-bons artistes; en un mot, elle la tient de la nature, bien
plus que de la forme de son gouvernement.

fauts et ses abus : elle y périrait, si on les lui ôtait. Aussi les chefs de la nation, avec la majorité du parlement, s'opposent-ils fortement à la réforme si réclamée par le parti démocratique, et même par les théories du gouvernement représentatif. Quelques bourgs ou villages, et même quelques hameaux, propriétés d'un seigneur, ont le droit d'envoyer un et deux députés au parlement, et des villes de trente et quarante mille âmes ne peuvent y en envoyer aucun ! L'inégalité est choquante : dernièrement encore (1822), on a proposé de la corriger, en respectant toutefois les droits acquis ; mais tous les Ministres, et les chefs du parlement se sont opposés, non-seulement à la réforme, mais encore à ce qu'on prît en considération la simple proposition d'examiner s'il y avait abus, et s'il fallait chercher à les faire disparaître. Un de ses chefs, professant d'ailleurs des idées réellement libérales, M. Canning, disait à ce sujet, que pour remédier à quelques défectuosités de la constitution, il ne voulait pas en risquer l'existence ; qu'une première réforme mènerait inévitablement à une égale répartition du droit électoral dans toute l'Angleterre ; « et qu'alors une Chambre des com- » munes, émanée directement de la nation, in- » vestie par conséquent de toute la puissance po- » pulaire, absorberait bientôt le Roi et la Chambre » des pairs. » En un mot, d'après M. Canning et d'après le parlement d'Angleterre, la constitution de ce royaume, avec un système électoral pareil au nôtre, ne saurait résister au torrent démocratique.

Que sera-ce en France? L'Angleterre a une digue naturelle et permanente contre le torrent dans sa puissante aristocratie, aristocratie toute réelle, établie sur la seule base qui puisse la soutenir, le manoir des aïeux, entouré d'une grande propriété et de droits positifs, entouré d'une population qui, d'âge en âge, en regarde le propriétaire comme son seigneur, son patron, et forme sa clientelle : les pairs du royaume possèdent les deux tiers de son étendue territoriale; sur 658 députés à la Chambre des communes, les seigneurs en nomment directement ou indirectement 487, dit-on. En France, nous n'avons rien de semblable ni aucun élément pour le former, ni pour admettre même la possibilité de cette formation dans l'avenir : l'esprit public y est encore plus opposé à toute domination ou supériorité aristocratique qu'au despotisme même d'un Monarque. Quel est l'homme d'état qui croirait pouvoir établir une aristocratie sur un sol qui n'a pu supporter celle que d'anciennes circonstances y avaient jadis fondée, qui l'a laissée dépérir faute de pouvoir l'alimenter, et d'où nos mœurs l'ont totalement extirpée ? Notre faible aristocratie actuelle est sans influence, plutôt haïe que considérée des autres classes; elle est composée d'élémens hétérogènes; elle n'a que des connaissances très-superficielles, et est par suite infectée de démocratie : notre *aristocratie des talens,* invention un peu intéressée de nos hommes de lettres, est bien plus démocrate encore. L'autorité royale peut seule ici servir de digue et prévenir le débordement.

Outre les deux causes que nous venons d'indiquer (la généralité du système électoral, et le défaut d'une aristocratie réelle), qui exigent qu'en France le pouvoir royal soit plus fortement constitué qu'en Angleterre, on a encore les quatre suivantes.

Le pouvoir royal doit être plus fort en France qu'en Angleterre.

1.° Notre position continentale et la nature de nos frontières. Le premier devoir du législateur est d'assurer l'existence de sa nation, et de la mettre à même de se défendre avantageusement contre des voisins avec lesquels elle sera tôt ou tard en guerre, et qui, par suite, peuvent chercher à la subjuguer ou à la démembrer. Nous avons de tels voisins; il faut, en conséquence, qu'il y ait plus d'unité dans le gouvernement, c'est-à-dire, qu'il soit plus monarchique; il faut que notre grand instrument de défense, l'armée, soit forte et nombreuse; laissée à la disposition des Bourbons, des Souverains naturels, elle est bien moins redoutable pour la liberté du citoyen, qu'entre les mains de celui qui prendrait leur place : ils ne seront pas des tyrans; ce n'est ni dans leur sang ni dans leur intérêt. Voyez d'ailleurs combien l'Angleterre hésite peu de prendre sur cette liberté,

lorsqu'il s'agit de son arme défensive, la marine :
cette presse, où l'on joint la violence la plus manifeste à une ruse honteuse pour se procurer des
matelots; cette discipline cruelle et presque arbitraire à laquelle ils sont soumis à bord, ne sont
pas des institutions bien libérales; mais enfin,
avant tout, il faut exister.

2.º Nos mœurs, nos habitudes, nos goûts, nos
anciens souvenirs nous rapprochent plus que les
Anglais du gouvernement monarchique. Notre
caractère plus vif, moins réfléchi, plus ami des
nouveautés, exige d'être plus contenu, et cela par
un pouvoir pris en quelque sorte hors de la masse
de la nation; le trône sera encore la digue contre
laquelle viendront le plus efficacement s'amortir
ou se briser les flots de ces opinions éphémères, de
ces volontés d'un instant, suite de ce caractère.
L'indépendance naturelle aux Français veut encore
que le Roi de France soit plus circonspect qu'un
autre dans les concessions à faire de son autorité,
et que les droits de la souveraineté soient en plus
grande quantité réunis sur sa tête. On dit généralement qu'en Angleterre le peuple a beaucoup
de droits, mais que la couronne les achète, et qu'ils
tournent ainsi à son profit. On a peut-être aussi
dit à quelques-uns de nos Rois : Concédez des
droits, vous vous en rendrez ensuite maître, et
ce simple déplacement vous sera très-profitable.
On pourrait éprouver des mécomptes dans un tel

calcul. Le célèbre Law répondait à Montesquieu, ·
qui lui demandait comment il n'avait pas cherché
à acheter le parlement de Paris, comme on achète
le parlement anglais : « Quelle différence ! Un
Anglais fait consister sa liberté à faire ce qu'il veut,
et un Français met la sienne à faire ce qu'il doit. »
Un bon Français pourrait dire au Roi : « Ce droit,
il convient que vous le gardiez ; voyant de plus
haut et de tous côtés, vous en userez plus convenablement ; mais si vous me le concédez, je n'en
ferai usage que selon ma conscience ; et il se pourra
quelquefois que ce soit contre vos désirs et votre
opinion. »

3.° Notre situation politique actuelle exige encore que le pouvoir ait plus d'action chez nous
qu'en Angleterre. Ici, le gouvernement intérieur
ou l'administration, marche en quelque sorte d'elle-
même : partout ce sont d'anciennes institutions,
d'anciens usages, et la couronne n'a presque nul
besoin d'intervenir. En France, où la révolution
a tout rasé, détruit toutes nos institutions locales,
ruiné tout esprit de localité, rien ne va et n'ira
long-temps que par l'impulsion de l'autorité supérieure. Il est malheureux sans doute qu'il en soit
ainsi ; mais vaut-il mieux encore aller de cette manière, que de ne pas aller du tout.

4.° En Angleterre, le gouvernement est en
réalité dans la Chambre des communes. Mais, dans
cette Chambre, on discute et on ne combat plus ;

on y a une jurisprudence bien établie; chacun y est mû par des intérêts bien étudiés ; il y suit une marche pour ainsi dire héréditaire dans sa famille. Un pareil état de choses présente bien quelque fixité, et peut porter un Anglais à penser, en voyant le gouvernement de son pays, qu'à moins d'un de ces cas qu'on ne peut prévoir, il en sera dans vingt et trente ans à peu près comme il en a été par le passé. Mais si chez nous le gouvernement était aussi pleinement dans la Chambre dés députés, qui oserait avoir une telle confiance ? Il n'y a pas encore de passé pour elle, tout y est encore vague et flottant, chacun y arrive avec l'idée de faire ce qu'il pourra pour le bien public; mais voilà tout; point de principe médité et arrêté, point de route tracée. Il est évident que, dans l'état actuel des choses, lors même que la constitution ne le prescrirait pas, c'est le gouvernement du Roi qui doit faire les plans, et marcher en tête.

Enfin, on l'a dit et redit, le gouvernement anglais n'est au fond qu'une république déguisée sous le nom de monarchie; et il nous faut un gouvernement monarchique en réalité.

D'après tous ces faits, et toutes ces observations, on ne pouvait trop aller chercher dans les institutions et les coutumes anglaises, notamment dans leur partie républicaine, les interprétations et les supplémens de notre Charte.

ART. III. *Recours aux théories du Gouvernement représentatif.*

Encore moins faut-il aller chercher ces interprétations dans les théories ou les visions de ce qu'on appelle le gouvernement représentatif.

Les fauteurs de cette manière de voir, sans s'inquiéter du texte et de l'esprit de la Charte, disent : La Charte, c'est le gouvernement représentatif tout entier, avec tous ses principes et toutes ses conséquences.

Principes du gouvernement représentatif. « Toute association humaine, remarque-t-on, dont les membres ne peuvent vaquer tous à la fois à l'administration commune, n'a qu'à choisir entre des maîtres et des représentans, entre le despotisme et le gouvernement représentatif. » Dans un tel gouvernement, une nation est régie par ceux qu'elle charge de ce soin, pour un temps déterminé ; le gouvernement y réside en conséquence dans l'assemblée des représentans : toutefois, pour maintenir l'unité dans l'exécution, on établit de plus un premier magistrat, qui, sous certaines conditions, nomme et surveille les Ministres ou premiers agens d'exécution, lesquels d'ailleurs répondent de leurs actes aux représentans : dans un système de représentation moins pur, le magistrat, grand électeur, est héréditaire, et alors on le déclare inviolable, afin d'assurer son existence. Tels sont les principes du gouvernement représentatif : ils sont simples et généraux, ils conviennent à toutes les associations politiques ; et, par cette simplicité et cette généralité, ils ne pouvaient que plaire à la multitude lettrée ou plutôt demi-lettrée ; ils étaient trop spécieux pour ne pas la séduire, et elle les a adoptés, c'est naturel.

Mais que des Ministres du Roi de France, censés être hommes d'état, connaissant le pays et les hommes qu'ils avaient à gouverner, à qui l'expérience de trente années venait de montrer le vide et les funestes effets de toutes ces théories, aient abondé dans un système vulgaire, qu'ils aient aussi pris le gouvernement représentatif pour leur cheval de bataille, que tirant eux-mêmes les conséquences les plus forcées, ils aient poussé à la destruction de l'autorité dont ils étaient dépositaires, non-seulement ce n'est pas naturel, mais encore c'est très-inconséquent, c'est même pitoyable. Pour les Ministres du Roi, pour ses conseillers d'état et ses orateurs, la constitution française, c'est la Charte : ils n'en doivent point reconnaître d'autre ; c'est une constitution *libre et monarchique* : tel est le nom que la Charte même lui donne ; ils ne doivent point en admettre d'autre dans leur langage officiel.

L'idée d'un gouvernement représentatif comprend, au moins implicitement, le dogme de la *souveraineté du peuple* : elle offre à l'esprit un corps qui représente la nation ; et la nation supposée

Souveraineté du peuple, conséquence du gouvernement représentatif

assemblée, par elle ou par ses députés, est souveraine : c'est incontestable, plus encore en fait qu'en
droit : tout pouvoir baisse pavillon devant elle ; il
cesse d'être indépendant, et le Roi cesse d'être Roi
(Louis XVI devant l'*assemblée nationale* de 1790).
Vainement dira-t-on que, dans notre gouvernement, ce sont les intérêts et non les personnes, les
intérêts du peuple et non le peuple, qui sont représentés ; j'admettrai pleinement cette distinction :
mais les masses ne l'admettront pas ; partout où,
dans un gouvernement dit représentatif, elles verront un corps de personnes directement envoyées
par elles, elles y verront leurs représentans : ce
corps se croira tel, se donnera pour tel, si ce n'est
aujourd'hui, ce sera demain, ce sera quand il
voudra ; et alors, s'il agit dans le sens de la majorité
des électeurs, il sera tout-puissant ; le Roi ne sera
plus que ce qu'il lui permettra d'être. La souveraineté ne réside-t-elle pas ici en définitive dans le corps
électoral, et par suite dans le peuple ? — Pour que
ce ne fût pas la souveraineté du peuple, il faudrait
que le corps électoral fût manifestement distinct
de la masse de la population. La distinction a effectivement lieu en Angleterre, où les seigneurs éli-
sent la majorité des membres des communes ; ils y
sont ainsi les souverains (indépendamment de leur
action directe dans le gouvernement, comme
membres de la Chambre des pairs) : aussi le gouvernement anglais est-il réellement aristocratique.

En France, la souveraineté réside, moitié environ dans les 25 mille Français payant plus de huit cents francs environ d'imposition, et moitié dans les 75 mille payant de trois à huit cents francs : si c'est là de l'aristocratie, elle est si faible, elle se fond si insensiblement dans la masse du peuple, ses intérêts sont tellement les mêmes, du plus au moins, que le corps électoral peut bien être pris pour cette masse; que sa souveraineté, celle qui résulte nécessairement d'un système représentatif, est bien ce qu'on peut appeler la souveraineté du peuple.

Sans toutefois aller aux dernières conséquences du régime représentatif, je pourrai concevoir l'existence simultanée de la Chambre des députés avec un Roi chargé du gouvernement proprement dit. Dans toute société, il y a un gouvernement et une nation gouvernée : pour jouir des avantages de l'ordre social, chaque citoyen fait un sacrifice en liberté et en biens; ce sacrifice est mis à la disposition du gouvernement pour le maintien de l'ordre; chaque année, les députés viennent en quelque sorte marchander les sacrifices à faire (chaque année un pareil marché !), le gouvernement devant naturellement demander beaucoup pour que son action soit plus efficace ou plus facile, et la nation, par l'organe de ses députés, devant tout aussi naturellement céder le moins possible. Le Roi représente le gouvernement, la Chambre

Chambre des pairs étrangère à un gouvernement représentatif.

7.

des députés représente la nation, ou ses intérêts, si l'on veut : tout ce qui convient à la société est pleinement représenté. Que restera-t-il donc pour la Chambre des pairs? que représentera-t-elle? L'aristocratie française, les intérêts aristocratiques, dit-on : je ne sais trop quelle idée je dois attacher à ces mots. (J'ai ouï-dire qu'il n'y avait en France d'autre distinction réelle que celle des richesses : or, la loi constitutionnelle de l'État distingue, sous ce rapport, ceux qui payent plus de trois cents francs d'imposition de ceux qui payent moins; les premiers seront donc les aristocrates? Elle distingue encore ceux qui payent plus de mille francs; ceux-ci seront donc les grands aristocrates? De plus, cette même loi ne donne qu'à ceux-ci l'entrée à la Chambre des députés; cette Chambre serait donc un corps de grands aristocrates représentant la grande et petite aristocratie de France! Telle me paraît être la conséquence nécessaire du principe posé.) Notre Chambre des pairs est composée d'illustrations nationales ou de faveurs du Prince rendues héréditaires; mais cela ne représente rien : les pairs seraient en même temps les représentans et les représentés. En faisant cette observation, je suis bien loin de méconnaître l'excellence d'une institution dans laquelle je place, en ce moment sur-tout, ma confiance : cette assemblée d'hommes instruits, expérimentés, plus intéressés que les autres citoyens au maintien de

l'ordre établi, modérera, amendera les demandes
irréfléchies ou démocratiques, les opinions ou idées
d'un moment qu'un seul mot quelquefois met en
vogue dans notre nation, et que la Chambre élective viendra souvent produire avec une vivacité
française. C'est une de ces institutions qui ne sont
pas dans la ligne des théories représentatives, et
qui corrigent le mal que ces théories feraient par
leur application pure et simple.

C'est peut-être la difficulté que j'éprouve à me
faire une idée précise de notre aristocratie, qui
ne me permet pas de bien concevoir la doctrine
des trois grands pouvoirs de la société, les pouvoirs
royal, aristocratique et démocratique, qui s'équi-
librent naturellement. Je ne puis concevoir davantage cet équilibre de pouvoirs dont on parle tant.
Je ne crois pas, qu'à moins d'un miracle, trois
pouvoirs, trois volontés indépendantes puissent
gouverner ensemble. Il est dans la nature humaine
qu'une de ces volontés domine bientôt les deux
autres, et qu'elle les absorbe : jusqu'à ce qu'il en
soit ainsi, il n'y aura qu'hésitations, chocs, ti-
raillemens en sens contraire dans la machine du
gouvernement, et l'unité est absolument nécessaire
à son action. Elle existe en Angleterre; de là le
principe de l'omnipotence parlementaire, omnipotence qui n'est en réalité que celle des seigneurs,
ainsi que nous l'avons dit : le Roi n'est guère, dans
ce gouvernement, qu'un ornement, reste d'insti-

*Unité né-
cessaire dans
le gouverne-
ment.*

tution gothique, et qui serait plus conséquemment remplacé par un *Lord-Président*. Pour qu'il y ait unité, lorsqu'il y a plusieurs pouvoirs, il faut qu'un soit au-dessus, et que les autres soient subordonnés ; qu'un soit le principe moteur, et que les autres n'en soient que les modérateurs : dans le gouvernement de la Charte il y a aussi unité, parce que le Roi est le moteur du système, et que les Chambres n'ont qu'à modérer son action, en lui fournissant plus ou moins de moyens pécuniaires d'agir. Mais ce ne sont pas là les principes du gouvernement représentatif; ils mettent le corps des représentans en première ligne; c'est lui qui y donne l'impulsion.

Au reste, laissons les principes, et passons aux conséquences positives que les sectateurs de ce gouvernement ont voulu appliquer à la France.

Annullation de l'autorité royale. Dans leurs ouvrages, bien que la Charte donne au Roi nominativement la majeure partie de la puissance législative, l'entière puissance exécutive, la nomination à tous les emplois, etc., je lis : « Que le Roi ne doit exercer aucune action; que rien ne doit procéder directement de lui; que ses propres Ministres doivent agir d'eux-mêmes; que s'ils sont d'un avis différent du sien, il doit céder et les laisser faire; que *ses* Ministres doivent être dépendans des Chambres, et pris parmi les chefs de la majorité de ces Chambres, etc. » Je doute qu'il soit possible de plus complètement annuller la

royauté en France ; c'est évidemment réduire le
Roi à n'avoir, en matière de gouvernement, qu'à
signer l'ordonnance de nomination des Ministres
que les Chambres lui indiqueraient. Sont-ils royalistes ceux qui détruiraient ainsi formellement cette
Charte, qu'ils semblent prendre sous leur protec-
tion, et cela pour anéantir le pouvoir royal, pour
ravaler indignement les fils de Saint Louis et
d'Henri IV à la méprisable condition de *Rois fai-
néans* (1) ? Ne sentent-ils pas les malheureuses
conséquences d'un système de gouvernement où le
Roi ne serait qu'un vain fantôme assis sur un trône
resplendissant d'or et de pierreries, qu'une sorte
d'idole, devant laquelle on se bornerait à brûler
de l'encens, ressort d'ailleurs presque superflu
dans la machine du gouvernement ? Ne craignent-

---

(1) Sieyes développant, en 1799, son projet de constitution devant
la commission chargée de rédiger celle qui était destinée à remplacer
la constitution directoriale, il proposait pour chef du gouvernement
un *grand électeur*, qui habiterait le château de Versailles, serait entouré de beaucoup de pompe, serait chargé de la représentation nationale, aurait une garde et six millions de revenu; mais qui, en fait de
gouvernement, n'aurait qu'à nommer deux premiers Ministres. Bonaparte, membre de la commission, l'interrompit brusquement en lui
disant (au rapport de M. Lascases et de Fouché): « Comment avez-vous
» pu imaginer, citoyen Sieyes, qu'un homme d'un peu d'honneur et de
» quelque talent voulût se résigner au rôle d'un cochon à l'engrais de
» quelques millions dans le château royal de Versailles ! » Cette saillie,
montrant l'inconvenance de la proposition, la fit tomber près de ceux
qui ne voulaient même qu'une constitution républicaine. C'est une
grande erreur, ajoutait Bonaparte, de croire que l'ombre d'une chose
puisse tenir lieu de la réalité.

ils pas que chez une nation toute imprégnée de démocratie, où rien n'est plus respecté, où tout est calculé, on ne pense qu'il est tout-à-fait inconséquent de payer d'une énorme liste civile un fonctionnaire sans fonction, et qu'on ne voie dans la royauté qu'une onéreuse sinécure à supprimer ?

Gouvernement ministériel.

Par les principes ci-dessus, on substitue, de la manière la plus positive, au gouvernement royal un gouvernement ministériel, à un gouvernement honorable un gouvernement qui l'est moins. Plus celui qui commande est grand et élevé, moins l'obéissance est pénible : on se faisait honneur d'être l'homme du Roi, on le servait par honneur et par devoir, et on ne servira un Ministre que pour de l'argent. C'est dans des vues de stabilité que la royauté héréditaire avait été instituée, et ses avantages se perdraient en partie dans un gouvernement ministériel : un règne dure environ vingt-cinq ans ; ainsi, lorsqu'un Roi gouverne par lui-même, voilà, durant une génération, un ordre, une règle établie : le fils suit le plus souvent les principes de son père, et le même ordre peut se prolonger. Combien dure chez nous un ministère ? A chaque changement, le peuple verrait donc aussi changer tous ses administrateurs ? Un pareil état de choses ne serait ni dans son intérêt, ni dans celui du bien public. Au nom du Roi, on punirait aujourd'hui un fonctionnaire pour avoir obéi hier

à ses ordres; on déplacerait un excellent administrateur, et on le remplacerait par un ignorant
ami du nouveau Ministre ? Ce serait du pur despotisme ; çe n'est qu'à Constantinople qu'on se joue
ainsi des hommes : nos mœurs répugnent à un tel
système.

Dans un gouvernement représentatif, nous dit-
on encore, lorsqu'un ministère change, les nouveaux Ministres entrent avec tous leurs amis; tout
ce qui tenait aux anciens se retire. En voulant ainsi
nous appliquer, mal à propos, ce qui s'est quelquefois fait en Angleterre, après avoir substitué
au gouvernement royal, un gouvernement ministériel, on soumettrait celui-ci à cette *bureaucratie*
contre laquelle on ne cesse de déclamer. Le Ministre
entrant avec ses amis, leur donne des places bien
plus proportionnées à son affinité politique avec
eux, qu'à leurs connaissances en administration ;
si le ministère de la guerre, par exemple, est le
seul vacant, on le donnera peut-être à un juris-
consulte, auquel tout ce qui tient au militaire
avait été jusque-là étranger. Naturellement ce seront alors les chefs de bureau, connaissant seuls
le matériel de l'administration, qui feront tout
dans ce ministère : ils seront les administrateurs
suprêmes en France, ou bien rien n'y sera administré; la discipline et l'instruction se perdront
dans les régimens, les arsenaux et les magasins ne
seront pas approvisionnés, etc. Quel misérable

système de gouvernement que celui où, par principe, toute la chose publique serait sacrifiée à quelques individus, à quelques chefs de parti !

Tous ces inconvéniens, dit-on, sont plus que compensés par l'incalculable avantage qu'a le gouvernement représentatif de ne porter que des hommes d'une grande capacité à la tête des affaires. Depuis trente-cinq ans, nous avons plus ou moins approché de ce gouvernement ; a-t-il produit beaucoup de plus grands Ministres, un plus grand nombre d'hommes d'état que notre ancien régime ? Cela se ressemble beaucoup.

Note. En montrant les funestes conséquences d'une sorte de gouvernement qui n'est pas celui de la Charte ; en défendant, dans celui-ci, la prépondérance du pouvoir royal, je n'entends nullement établir un système général ; je ne parle que de ce qui me paraît convenir à la France, où je crois que le gouvernement doit être éminemment monarchique ; car d'ailleurs je sais très-bien que d'autres formes de gouvernement peuvent être plus convenables dans d'autres pays. Je n'ai aucune de ces formes en antipathie : jamais le voisinage des républiques suisses ne m'a offusqué ; voyant, à Altorf, dans une prairie, devant l'Église, et au sortir de la messe paroissiale, l'assemblée souveraine du canton d'Uri, composée de simples bourgeois et de paysans *endimanchés*, je me suis cru transporté dans l'âge d'or : à Genève, je plaignais cette ancienne république d'être devenue partie du grand empire : traversant jadis les villes libres d'Allemagne, je félicitais leurs bourgeois de jouir de tous les avantages de l'ordre social, sans avoir à en supporter les grandes charges. Je conçois fort bien que le

gouvernement parlementaire convienne parfaitement à l'Angleterre ; comme les républiques fédératives des États-Unis
d'Amérique à un peuple presque nouveau, aisé, de mœurs
simples et paisibles, n'ayant pas à se défendre contre de puissans voisins, dispersé sur un vaste et fertile territoire, qui
peut encore fournir une augmentation de revenu à celui qui ne
trouverait pas dans le sien de quoi satisfaire ses besoins, etc.
Mais c'est précisément parce que la France est dans une
position toute contraire, qu'il lui faut un tout autre gouvernement, une vraie monarchie.

On l'a enfin senti. Depuis quelques années, Conclusion
depuis que la partie la plus influente de notre du chapitre.
gouvernement, la Chambre des députés, a été
élue, en plus grande part, par les principaux
propriétaires, les collèges électoraux de département, la priorité a été réclamée pour les principes monarchiques, la prérogative royale a été
moins attaquée dans les Chambres, et plus défendue par les Ministres; l'on n'a plus rougi de
ses pères et des institutions qui avaient fait leur
bien-être comme la gloire de la patrie, on y a
eu recours lorsque cela a paru convenable; et
en suivant, avec sagesse, une telle marche, cette
première sorte de jurisprudence, dans l'exécution de la Charte, assurera la *constitution monarchique*, annoncée par la Charte même, et que
réclament les besoins de la France. Par la seconde, le recours aux constitutions de l'Angleterre, on tendait vers l'aristocratie, et on y aurait

tendu en vain. Par la troisième, les théories du gouvernement représentatif, on anéantissait le pouvoir royal, et traversant un gouvernement démocratique, on se rejetait dans les révolutions et l'anarchie.

CHAPITRE V.

DU ROI :

(DE SES RAPPORTS AVEC LES PREMIERS AGENS DE SON AUTORITÉ.)

Après avoir examiné quel était le peuple à gouverner, et quelle était la forme du gouvernement, arrêtons - nous quelques instans sur le chef, le principe moteur de ce gouvernement, sur le Roi, et sur son action première.

Dans chacune des attributions qui lui sont données par la Charte, l'action me paraît double, *concevoir* et *exécuter*. De là, la *volonté royale*, et l'*ordre royal d'exécution*.

D'après la constitution de l'État, le Roi est pleinement libre sur le premier point; il peut vouloir comme bon lui semble : mais, sur le second, elle a exigé que l'ordre d'exécution fût contresigné par un Ministre responsable. Cette garantie était suffisante; peu importe quelle que soit la volonté, du moment qu'elle ne peut être exécutée sans l'adhésion d'un agent qui répond de ce qu'elle aurait de mauvais, c'est-à-dire, de contraire aux lois.

Lorsque nous disons que le Roi est pleinement libre de vouloir comme il le juge convenable, il ne s'agit pas de la simple volonté, d'une velléité, d'un caprice de l'individu investi de la royauté. La volonté royale, dans une monarchie comme la nôtre, est une volonté authentique, conçue dans l'intérêt public, et mise en harmonie avec l'ensemble de la législation et de l'administration du royaume. Cette volonté, soit que l'idée première en soit venue spontanément à l'individu royal, soit qu'elle lui ait été suggérée par un Ministre, ou par toute autre personne, doit être nécessairement élaborée et régularisée dans un *conseil* composé de personnes très-versées dans les matières en question. Que l'on ait dit, en voyant Louis XI sur un petit cheval, que cet animal devait être bien fort, puisqu'il portait le Roi et tout son conseil; que nous ayons vu, dans ce dernier temps, un homme qui a peut-être plus gouverné que tout autre par lui-même, il n'en est pas moins vrai que presque tous les actes de leur autorité ont encore été discutés et régularisés, dans un conseil, et qu'ils auraient cru ne pouvoir gouverner autrement.

Ici j'ai une distinction à faire : les actes de la royauté peuvent concerner ou les affaires extérieures, et en général toutes ces matières d'état proprement dites qui exigent un grand secret, et même celles qui concernent le personnel, ou les affaires intérieures relatives à l'administration générale. Naturellement les premiers se discutent avec les premiers agens de la royauté, les Ministres, ou les intimes du Roi en matière de gouvernement; en d'autres termes, elles se discutent en

Conseil des Ministres, ou même en un *Conseil privé*. Mais pour les secondes, pour ce qui concerne les projets de loi à dresser sur toutes sortes d'objets, les ordonnances à promulguer pour l'exécution des lois, les réglemens d'administration publique à faire, les décisions ou jugemens administratifs que le Roi doit rendre comme chef suprême de l'État, etc., il est évident que tous ces projets, ordonnances, réglemens, jugemens, tous ces travaux législatifs, semi-législatifs, semi-judiciaires, ne peuvent être convenablement faits, et mis en rapport avec l'ensemble de nos lois et réglemens, que dans une assemblée d'hommes consommés dans la législation et l'administration, c'est-à-dire dans un *Conseil d'état*.

Ils ne sauraient l'être dans un conseil de six à sept Ministres, principalement agens d'exécution, absorbés chacun dans le travail de son département. Par exemple, le Ministre des finances pourrait-il consacrer trois mois de son temps à méditer et travailler une loi générale sur l'administration des forêts, à la mettre en accord avec la législation civile, etc.? Le Ministre de la guerre, ou des affaires étrangères, pourra-t-il passer des journées entières à revoir et éplucher ce projet? Et cependant il n'est ni convenable, ni décent, de le présenter aux Chambres comme une simple idée, comme une simple ébauche; il en résulterait infailliblement une loi mauvaise ou incomplète : ce serait pire encore, s'il s'agissait d'une ordonnance portant réglement d'administration publique, laquelle, impliquant peut-être contradiction avec un réglement antérieur, n'en devrait pas moins être mise à exécution. M. Ch. His, dans son livre, intitulé : *Du Roi dans la Monarchie représentative,* ouvrage plein de principes incontestables et d'assertions de la plus exacte vérité, a démontré, dans toute la force de cette expression, que, sans compromettre le pouvoir royal, l'initiative des lois ne pouvait être exclusivement laissée aux Ministres.

Note. Cet auteur ne prenant pas, ce me semble, assez en considération que la Charte donne cette initiative au Roi nominativement, aurait voulu une *Chambre de l'initiative* parmi les institutions qu'elle a établies; mais une telle disposition eût été destructive ou au moins limitative de celle qu'elle a prise. Lorsque la constitution de 1799 établit que les consuls proposeraient les lois; mais qu'un Conseil d'état serait chargé d'en rédiger les projets, et que les membres de ce Conseil seraient pris dans une certaine classe de citoyens, elle limitait le droit des consuls; elle prenait une garantie, pour assurer que le travail serait bien fait. La Charte a donné un pouvoir illimité au Roi à cet égard; cela était dans ses principes : la proposition n'est qu'un simple acte de la volonté royale, et notre constitution ne place les garanties qu'au moment de l'exécution.

Je dirai donc qu'il me paraît que, dans la forme actuelle du gouvernement, le Roi *veut, en son Conseil d'état,* en matière de législation et d'administration publique, etc. ; qu'il *veut, en son Conseil des Ministres*, pour les hautes matières d'état, et qu'il *exécute, avec chaque Ministre*, pour les actes relatifs au département de ce Ministre : ici, l'adhésion de ce fonctionnaire est nécessaire ; là, le Roi entend son conseil et décide comme il le juge convenable.

J'ajouterai toutefois que, bien que des conseils n'aient que des avis à donner, il me paraît nécessaire que leur organisation soit authentique, et que ceux qui les composent soient revêtus d'un caractère public : dans notre système monarchique, il importe que le cabinet du Roi soit bien distinct de la Chambre, et que le gouvernement de l'État soit, le plus possible, dans le cabinet.

Ces principes posés, j'entre dans quelques détails sur le Conseil d'état et sur les Ministres, considérés dans leur rapport avec le Roi.

ART. I. *Action législative du Roi; Conseil d'état.*

La Charte dit textuellement (art. 16) : *le Roi propose la loi.* J'insiste sur cette prérogative constitutionnelle de la Couronne, contre laquelle la démocratie s'est si fort élevée, qu'on a traitée d'absurde, d'anti-monarchique (*De la Monarchie selon* [ou plutôt *contre*] *la Charte*); et dont de singuliers royalistes veulent débarrasser le Roi (à peu près comme ils veulent le débarrasser de tous

Initiative royale.

8

les soins du gouvernement, de tout le réel de la
royauté). Cependant c'est une disposition formelle de la constitution, et précisément celle qui
met, en réalité, le gouvernail de l'État dans les
mains du Roi. Elle est d'ailleurs toute dans l'intérêt
public : le Roi, chargé de l'exécution des lois, instruit par les rapports, en quelque sorte journaliers,
des agens de cette exécution, doit connaître, mieux
que qui que ce soit, les additions et changemens
qu'il y a à faire dans les lois existantes, le moment
le plus opportun pour les effectuer convenablement, le degré comparatif de leur nécessité et de
leur urgence : ayant en main tout l'ensemble et
toutes les branches de la législation, il peut mieux
y coordonner ces additions ou changemens. De
plus, il était de l'intérêt général de mettre un frein
à la manie constitutionnelle et législative qui s'était
emparée de nous ; il fallait faire en sorte qu'elle
ne se glissât dans les Chambres, et que les Français,
qui avaient déjà tant de lois, n'en fussent accablés :
le moyen le plus convenable était de laisser toute
proposition au Roi ; Sieyes lui-même, dans le but
que nous venons d'indiquer, rédigeant la constitution républicaine de 1799, donnait cette proposition aux consuls, ainsi que nous l'avons déjà
remarqué. — Au reste, la Charte n'en a pas
moins concédé aux Chambres le droit de supplier
le Roi de proposer les dispositions législatives qui
leur paraîtraient convenables ; et cette initiative in-

directe, par les formalités qu'éprouve son usage, ne peut avoir les inconvéniens de l'initiative directe.

De quoi s'agit-il, en définitive, dans l'intérêt du peuple? Que la loi soit bonne. Or, les lois sont incontestablement mieux réfléchies, et mieux faites dans les paisibles discussions d'un conseil, ou même dans le silence du cabinet d'un Chancelier, et par des personnes exercées à ce travail, qu'au milieu des luttes ou discussions envenimées de nos assemblées, et par des députés presque tous étrangers aux matières de législation. Les ordonnances de Louis XIV et de Louis XV (d'Aguesseau), sont encore l'objet continuel des louanges de nos jurisconsultes; elles forment le fond de notre Code civil, le reste est l'ouvrage d'un Conseil d'état; et le tout constitue un très-bon corps de lois. En avons-nous beaucoup de bonnes, qui soient directement émanées des assemblées législatives qui ont existé en France depuis plus de trente ans?

Ce que nous disons de la loi, doit s'entendre des amendemens qui tendraient à changer ou à modifier essentiellement un projet présenté. Tout amendement doit être aussi mis en harmonie avec l'esprit et l'ensemble du projet, comme de la législation générale; et ce travail ne peut encore être convenablement fait que dans le cabinet, et par les rédacteurs du projet. En général, il ne saurait en être ainsi de ces amendemens en quelque sorte

8.

improvisés à la tribune, de ceux présentés dans un intérêt de parti et dont le but est souvent caché, de ceux qui naissent du choc et du tumulte des opinions, et dont l'impulsion du moment ou la lassitude d'une séance décide si fréquemment du succès : aussi la Charte veut-elle que tout amendement soit *consenti par le Roi, et envoyé et discuté dans les bureaux.* L'acte des cent jours, publié après la Charte et sur son modèle, et qui peut ainsi lui servir de commentaire sur les points dont le fond est le même, et où l'influence démocratique du rédacteur (M. B. Constant), ainsi que celle du moment, n'a pas exercé son action; cet acte, dis-je, s'expliquant formellement sur les amendemens des Chambres, porte : « Le gouvernement a » la proposition de la loi; les Chambres peuvent » proposer des amendemens : si ces amendemens » ne sont pas adoptés par le gouvernement, les » Chambres sont tenues de voter sur la loi, telle » qu'elle a été proposée. » Une telle marche est évidemment indiquée par les art. 16 et 46 de la Charte.

Les adversaires de l'initiative disent, que puisque la constitution a donné au Roi la sanction de la loi, l'initiative devient superflue. Cependant l'une fait le Roi législateur pour le fond, et l'autre pour la forme seulement. Croit-on que le Roi pût facilement, et souvent sans danger, refuser la sanction d'une loi que les deux Chambres auraient proposée et délibérée, lors même qu'il la croirait désavantageuse ? Louis XVI pouvait-il aisément refuser son *veto* aux actes du corps législatif ? Le Roi d'Angleterre refuse-t-il souvent son assentiment aux bills du parlement ? Mais, ajoute-t-on, la majesté royale est compromise, ou peut l'être, dans la discussion d'un projet par elle présenté. Si cela arrivait, et cela n'arrivera presque jamais chez une nation qui a un plein sentiment des convenances, ce serait un inconvénient de la forme de notre gouvernement, et il faudrait le subir ; car d'ailleurs les avantages de l'initiative font bien plus que le compenser. — Je m'explique sur ce qu'on dit de l'intervention du nom de Roi dans les discussions parlementaires. C'est le Roi qui propose la loi, c'est en son nom que ses Ministres la présentent ; ainsi ils peuvent et doivent invoquer la volonté royale dans leur proposition, et lorsqu'ils portent les ordres du Roi. Mais hors de là, et dans les discussions, on se dispensera toujours de prononcer son nom. Dans le fond, les membres des Chambres verront un projet qui est soumis à leur discussion ; ils diront franchement leur opinion, comme on la dit dans un conseil, en présence même du Souverain, comme on la disait, au Conseil d'état, en présence de Bonaparte, sur les lois d'administration générale qui ne le concernaient pas personnellement. Dans la forme, ces membres verront un projet présenté par le *gouvernement*, et s'ils croient devoir le faire,

ils attaqueront les raisons données par les Ministres
et les orateurs du Conseil d'état chargés de les faire
valoir. La plus grande preuve que des projets présentés au nom du Roi peuvent être très-fortement
combattus, et même rejetés, sans que la majesté
royale soit compromise, c'est que tout cela s'est
fréquemment vu, depuis la restauration, sans que
jamais il ait été commis la moindre irrévérence,
directement ni indirectement, envers le Roi ou les
Princes de sa famille, sans même que la dignité
royale ait paru lésée en aucune manière par un
rejet.

Plus on se familiarisera avec notre forme de
gouvernement, moins on sera porté à considérer
comme un échec pour le Roi le rejet d'un projet,
qu'il aura présenté, à moins qu'il ne fût un de
ceux nécessaires à la marche de son gouvernement.
Presque jamais le Roi ne tiendra beaucoup au sort
des projets de loi qui règlent uniquement les intérêts entre les citoyens ; il n'y tiendra qu'autant
que ses jurisconsultes de confiance lui auront dit
qu'ils étaient d'un intérêt public ; mais du moment
que les Chambres ne les regarderont pas tels, l'intérêt qu'il y portait sera bien affaibli. Croit-on
que Louis XIV tînt beaucoup aux détails des ordonnances civiles rendues sous son règne ? Peut-
être même ne les a-t-il jamais lues.

Note. Je crains si peu, dans l'intérêt du pouvoir royal, les
discussions des Chambres sur les projets de loi, que je crois

qu'il serait à propos, lorsque le gouvernement aurait en vue quelque objet législatif très-important, que le Roi fît porter le projet, aussi-bien rédigé que possible dans son Conseil d'état, à une des deux Chambres, et qu'il l'y laissât discuter, afin de bien connaître l'opinion d'un de ces deux grands conseils nationaux (dans ce cas, ils ne seraient pas autre chose), pour ensuite le faire revoir et perfectionner, et le présenter définitivement dans la session suivante.

Mais si Louis XIV tenait peu aux détails des *Nécessité du Conseil* lois civiles qu'il a publiées, il tenait certainement *d'état.* à ce qu'elles fussent bonnes et bien faites. De même, je crois que le Roi doit tenir à ce que les projets qu'il fait présenter aux Chambres, en son nom, soient bien réfléchis et bien rédigés : si ce ne sont que de simples esquisses, les membres des Chambres auxquels ces matières sont familières y trouveront matière à juste critique, il y aura déconsidération pour les hommes du Roi; et finalement, malgré tous les amendemens qui pourront y être faits, la loi se ressentira toujours des vices du projet; elle sera défectueuse ou incomplète. L'expérience de quelques-unes de celles qui ont été promulguées sous Louis XVIII le prouve.

Je doute qu'en général les projets puissent être bons et bien rédigés, sans la pleine et libre action d'un Conseil d'état bien composé : une partie de nos Codes atteste qu'un tel Conseil peut faire de bonnes lois. J'ai vu, il y a quinze ans, des lois d'administration publique rester trois années entières sur le tapis de ce Conseil, et y subir, après discussion, sept rédactions différentes : si de telles lois n'étaient pas parfaites, elles étaient au moins bien étudiées.

J'ai déjà remarqué que les ordonnances pour l'exécution des lois, celles portant réglement d'administration publique, ordonnances que le Roi est chargé de faire, ne pouvaient l'être convenablement que dans une assemblée de personnes consommées en législation et administration, et vouées à ce genre de travail, c'est-à-dire, dans un Conseil d'état.

Ce Conseil est encore d'une utilité manifeste, pour éclairer le Monarque dans un grand nombre de décisions administratives qu'il a à prendre. Le Roi est le grand administrateur du royaume; en cette qualité, nos lois lui remettent à prononcer définitivement sur des demandes relatives à des objets d'administration publique, tels que l'affectation des propriétés privées à des objets d'utilité publique, les concessions de mines, les permissions d'usines, etc. : les lois indiquent les conditions que doit remplir le demandeur, les formes à suivre dans l'instruction de la demande, dans les oppositions qui peuvent y être faites, etc. La décision royale à intervenir est un vrai jugement, soit entre le demandeur ou le défendeur et l'intérêt général, soit entre le demandeur et les opposans, soit entre des demandeurs en concurrence. Qui pourra plus convenablement préparer le jugement à rendre par le Roi, que le Conseil d'état? Quelques-unes de nos lois portent même que l'acte royal, portant jugement, sera *délibéré en Conseil d'état.*

Si à ce jugement authentique on substituait une simple décision du Ministre, rendue sur l'avis d'un comité dépendant de lui; ou même une ordonnance sur la proposition du Ministre, ce seul comité entendu; en ce point, les citoyens auraient, dans leurs droits et propriétés, une garantie de moins que sous le régime impérial.

Ce que j'ai dit au sujet des jugemens administratifs, s'appliquera également aux jugemens en appel des décisions des conseils de préfecture, et aux jugemens des conflits de juridiction élevés entre l'autorité administrative et l'autorité judiciaire; le juge ne peut être que *le Roi, en son Conseil,* ou son Conseil d'état entendu.

Malgré l'utilité et la nécessité d'un tel Conseil, d'où vient toutes les réclamations que l'opposition fait entendre contre lui, dans presque toutes nos sessions législatives? C'est, dit-on d'abord, une institution inconstitutionnelle.

Observations sur les objections contre le Conseil d'état.

Il me semble cependant qu'il suffit que la constitution donne au Roi des attributions qu'il ne saurait remplir sans un Conseil d'état, pour qu'elle en établisse implicitement l'existence. Elle ne pouvait, d'une manière explicite, en faire une *institution* particulière et indépendante, parce qu'il ne l'est pas : il n'est qu'un accessoire, mais un accessoire nécessaire de la royauté *instituée*. La Charte, qui n'est entrée dans aucun détail sur cette dernière institution (et elle ne le devait pas puisque l'institution préexistait), qui a trouvé un Conseil d'état existant en vertu de lois antérieures et qu'elle reconnaissait, n'a eu rien à dire à son sujet, et elle n'en a rien dit. Mais de ce silence, dont je signale les causes, on ne saurait conclure qu'il soit inconstitutionnel.

La Charte ne constitue pas davantage le ministère; elle ne dit rien sur son organisation, sur le nombre de ses membres, sur la nature de leurs attributions : ce n'est encore qu'un accessoire de la royauté, un instrument à l'aide duquel elle exerce les fonctions qui lui sont dévolues. Le Roi reste pleinement maître de l'organiser comme il le juge à propos, de le composer d'un seul individu ou de cinquante : un simple acte de sa volonté, portant le nom et les attributions de chaque Ministre, inséré au Bulletin des lois, voilà ce qui suffit à son organisation. La Charte ne parle des Ministres que pour les rendre responsables des actes qu'ils ont contre-signés, pour fixer les bases de leur responsabilité, et leurs rapports avec les Chambres. Rien de tout cela ne pouvait concerner des conseillers; il n'y avait aucune garantie à prendre à leur égard, ainsi que nous l'avons remarqué.

Le Conseil d'état est tellement inhérent à l'autorité royale, qu'il est à peu près aussi ancien que notre monarchie; il n'avait péri qu'avec elle, et il a reparu dès que le gouvernement français a repris des formes monarchiques.

Il n'est nullement nécessaire, il est vrai, aux yeux de ceux qui ne veulent du Roi en France que ce qu'il est en Angleterre; et dans ce dernier pays, où il n'a pas les attributions législatives et semi-législatives que notre constitution donne au Monarque, où il est à peu près réduit à une simple représentation, un Conseil d'état y est bien inutile : il l'est tout autant dans un système représentatif, où le gouvernement serait dans la Chambre des représentans, et où l'exécution serait, au moins de fait, remise à un directoire ministériel.

Dans nos Chambres, l'opposition anti-monarchique, par suite de ses principes, tendant à annuller l'autorité royale, cherchera à la priver de tout moyen d'exister par elle-même, de tout soutien, et par suite d'un Conseil d'état. L'opposition royaliste, en guerre avec les Ministres, ne voyant dans les conseillers d'état que des créatures et des pensionnaires de ses Ministres, et par conséquent des ennemis, dirigera aussi ses attaques contr'eux et contre leur institution : c'est une tactique ordinaire de diriger les coups sur la fonction du fonctionnaire auquel on veut nuire; ceux qui criaient contre la police, lorsqu'elle était dirigée par M. Decazes, ne disent plus rien depuis qu'elle est en mains amies. La majorité même des Chambres, par un sentiment assez naturel, désirant influer sur le gouvernement, exercer le plus possible la puissance législative, et par suite rendre moindre celle du Roi, sera en général peu favorable à un Conseil d'état. Enfin, les Ministres, se rappelant qu'à une époque assez peu éloignée ce Conseil était comme le réviseur et le réformateur d'un grand nombre de leurs actes, désirent peu son ancienne existence : ayant reçu de Louis XVIII le dépôt de son autorité, ils ont comme partagé le Conseil, et chacun en a pris le comité correspondant à son département.

Le Conseil d'état, dans son intégrité et toute son action, ne convient guère qu'à un Roi exerçant directement le pouvoir que lui confie notre constitution; et j'appelle de tous mes vœux le moment où il en sera ainsi. Les dispositions de Charles X, relativement à son Conseil d'état même, me font penser que ce moment n'est pas éloigné.

Le Conseil d'état appartenant uniquement au Roi, le Roi est pleinement libre de l'organiser et de le composer comme il juge à propos; la loi ne saurait lui prescrire des règles à cet égard.

Considérations sur l'organisation et le travail du Conseil d'état.

Note. Au reste, je suis loin de penser que cette organisation et cette composition doivent être laissées au besoin du moment, et par suite, à l'arbitraire. L'organisation me paraît devoir être établie aussi fixement que possible, de manière que le conseil appartienne au Roi, qu'il soit hors de la dépendance des Ministres, et qu'il ne soit composé que de magistrats ou jurisconsultes très-instruits, d'administrateurs expérimentés et d'habiles orateurs : les règles qui garantiraient une telle composition seraient faciles à tracer. Le président pourrait être un Ministre d'état, ne prenant les ordres que du Roi, et ayant dans son département le matériel du conseil, ainsi que la présentation des candidats. Je crois encore qu'il serait très-convenable de faire revivre une disposition, consacrée d'ailleurs par une loi, et d'après laquelle un conseiller d'état, au bout d'un certain nombre d'années consécutives d'exercice, ne pourrait plus être dépouillé de son titre et de son traitement. Cette disposition, rendant une certaine indépendance à des hommes déjà éprouvés, donnerait au conseil l'existence et la considération dont il doit jouir : on ne le verrait plus, à chaque mutation de ministère, renouvelé et rempli des créatures ou amis des nouveaux Ministres. Cette sorte d'inamovibilité est d'ailleurs évidemment dans l'intérêt de la royauté héréditaire, et dans celui de la nation ; ce serait un nouveau garant de stabilité. Ces conseillers à vie seraient principalement placés au comité du contentieux ; et l'on mettrait ainsi un terme à ce que peut avoir de fondé le reproche de composer de personnes dépendantes des Ministres cette sorte de tribunal, qui juge les actes ministériels : bien qu'en réalité il remplisse des fonctions en partie judiciaires, lorsqu'il donne ses avis, en forme d'ordonnances, sur les mises en accusation des administrateurs, sur les conflits de juridiction, etc., l'inamovibilité et la pleine indépendance de ses membres ne peut être établie en principe ; car ce ne sont, en définitive, que des conseillers du Roi : c'est le Roi qui juge et qui doit juger, comme *chef suprême de l'État* ; l'unité dans le gouvernement l'exige. Que pourrait craindre le Roi de conseillers qui, pendant six ou sept ans, auraient donné des preuves de la bonté de leurs principes, comme de l'éminence de leurs moyens ? De pareils hommes, même dans leur vieillesse, donneront encore des conseils utiles ; et après tout, ils n'ont que des conseils à donner.

Voici comment je conçois que se ferait le travail législatif au Conseil d'état. Lorsque dans un département ministériel, le besoin du service aurait fait sentir la nécessité d'une nouvelle loi, ou d'une modification à une loi existante, le Ministre, chef du département, en ferait un rapport au Roi. Celui-ci, soit directement, soit après avoir entendu le conseil des Ministres, prendrait une décision. Dans le cas où la conclusion du rapport serait admise (simplement ou avec modification), il en serait donné avis au Ministre, lequel ferait rédiger, par un conseiller d'état, aidé d'un maître de requêtes, un projet de loi, le ferait discuter et arrêter, à la majorité des voix, dans le comité du Conseil d'état compétent. Le projet ainsi arrêté serait porté au Conseil d'état, délibéré de nouveau, sous la présidence du Roi (s'il jugeait à propos d'y assister), et en présence du Ministre du département. Le projet définitif, avec l'avis du Conseil, serait remis au Roi, lequel prononcerait; et s'il y avait lieu, il le ferait présenter aux Chambres sous le contre-seing du Ministre d'état président le Conseil : chargeant d'ailleurs le Ministre du département, et des orateurs du Conseil, de soutenir la discussion.

Même marche serait suivie, s'il s'agissait d'une ordonnance portant réglement d'administration publique. Le Roi, dans son travail particulier avec le Ministre, et après avoir entendu ses dernières observations, déciderait, et lui donnerait l'ordre de dresser définitivement l'ordonnance, et de la contre-signer : si le Ministre croyait sa responsabilité compromise, par sa signature, il la refuserait. Je reviendrai dans peu sur ce refus et sur ses suites.

ART. II. *Des Ministres à l'egard du Roi.*

Les Ministres appartiennent au Roi : ce sont les exécuteurs de ses volontés.

La Charte dit textuellement : «*Au Roi seul appartient la puissance exécutive, le Roi commande les forces de terre et de mer, nomme à tous les*

emplois d'administration publique, etc. » Par suite,
un Roi, en prenant les rênes du gouvernement,
pourra (et à mon avis devrait) dire à ses Ministres:
J'entends exercer, par moi-même, les fonctions
qui me sont dévolues par la loi constitutionnelle de
l'État; vous n'êtes que les exécuteurs de mes
volontés, sauf à me prévenir, sous votre responsabilité envers les Chambres, de tout ce qui, dans
mes désirs, actes ou ordres pourrait être contraire
aux lois du royaume, et à refuser votre contre-
seing à ceux de ces actes ou de ces ordres que
vous y croiriez contraires.

Qu'on ne m'objecte pas qu'un tel langage est en
opposition formelle avec les doctrines généralement
accréditées sur cette matière, avec celles que l'on
professe journellement à la tribune de la Chambre
des députés. Les doctrines des tribuns du peuple
n'étaient pas celle du sénat : à notre Chambre des
pairs, on en a souvent produit de pareilles à celle
que j'émets : celle-ci pourrait y être trouvée convenable; et à plus forte raison le serait-elle dans le
cabinet du Roi : ce langage est celui de la constitution jurée, de la seule que le Roi doive reconnaître : elle dit, *le Roi nomme*, *le Roi commande,
au Roi seul :* là où le texte de la loi est clair et
précis, tout commentaire est superflu.

D'après l'article 13, les Ministres ne sont que
les Ministres du Roi (*ses* Ministres); c'est parce
qu'ils lui appartiennent exclusivement, qu'ils ne

sont les exécuteurs que de ses volontés, que la constitution a voulu que, pour certains délits, ils pussent être accusés et jugés par les Chambres, et qu'il fût fait une loi à ce sujet. S'ils étaient dans la dépendance réelle des Chambres, cette loi de responsabilité serait pleinement superflue : les Chambres les renverraient du moment qu'ils leur déplairaient, avant même qu'ils fussent coupables, et sans se donner la peine de former et de poursuivre une accusation. Aussi, depuis que la Chambre des députés a pris une très-grande influence sur la nomination des Ministres, par la crainte qu'inspire le refus d'un budget, on y réclame bien moins cette loi sur la responsabilité.

Je sais que dans tout gouvernement il y a des nécessités qu'il faut subir, et que dans celui que la Charte a consacré, le Roi, dans la nomination de ses Ministres, doit prendre en grande considération l'opinion publique, et principalement celle de la Chambre des députés, qui paraîtra toujours en être l'organe; qu'il est de la prudence de prévenir tout choc avec cette Chambre, et par conséquent d'avoir près d'elle des intermédiaires qui jouissent de sa faveur. Mais cependant, il faut que le Roi aussi demeure libre dans ses attributions ; et il est des cas où il doit même résister aux atteintes qu'on tenterait de porter à cette liberté. «La manifestation de l'autorité royale, disait dernièrement la minorité libérale de la Chambre des députés, qui est devenue un contrat entre le Monarque et les peuples, ne doit pas être à la merci des passions de la majorité. » Il pourra arriver qu'une Chambre, mue par des ambitieux qui veulent parvenir au ministère, demandera directement ou indirecte- ment le remplacement de Ministres affectionnés au Roi, et contre lesquels on n'aurait d'ailleurs aucun grief réel. Que le Roi dise alors aux dé- putés : « Messieurs, ces Ministres sont de bons serviteurs; ils m'ont toujours bien servi, moi et l'État; on n'a porté aucune plainte réelle contre eux; ils sont très-attachés à ma personne et à leur devoir : mettez-les en accusation, si vous les croyez coupables, mais je ne les renverrai pas; le faire, serait une lâcheté qui m'avilirait aux yeux de mon peuple et à vos propres yeux : je rejette d'ailleurs sur vous la responsabilité des malheurs qui pour- raient résulter de la conduite que vous tiendrez, en voulant me forcer dans le légal et juste exercice de mes droits. » Certainement un digne Roi de France tiendra, quelque jour, ce noble langage, et la nation y applaudira. Charles I.er, sur l'échafaud, ne se reconnut coupable que d'une faute, celle d'avoir sacrifié au parlement son Ministre Strafford, dont le vrai crime, devant ses accusateurs, était le dévouement à son Roi, l'habileté dans les af- faires, la force de son caractère, et l'obstacle qu'il mettait par-là aux projets de ceux qui pensaient déjà à détruire ou à subjuguer l'autorité royale.

9

Les Ministres sont pareils aux *dehors* d'une place forte; lorsqu'ils sont emportés, la place est comme prise.

Non-seulement le Roi nomme les Ministres, mais encore il leur départ son autorité comme il le juge à propos. Si, par une imitation de ce qui se fait dans un État voisin, si, par l'effet de circonstances particulières, Louis XVIII a voulu être représenté par le Conseil de ses Ministres, son successeur est bien libre d'en agir autrement, de prendre l'avis des siens, et de se réserver formellement la décision; en un mot, d'être réellement l'âme de son gouvernement. Je le désire dans l'intérêt de la nation, comme dans le sien propre.

Lorsqu'un Roi abandonne le gouvernement à ses Ministres, il peut arriver de deux choses l'une. — Ou les Ministres, hommes habiles, formeront un directoire exécutif, alors un gouvernement ministériel prendra la place du gouvernement royal; et, je l'ai dit, le premier est moins convenable à nos mœurs. Dans l'état actuel de la société et de notre gouvernement, le sanctuaire du pouvoir est ouvert, tous les regards y pénètrent, l'illusion sera moindre qu'elle n'était autrefois; le Ministre ne pourra aussi aisément se couvrir du manteau royal, il paraîtra à nu. — Si les Ministres sont des hommes ordinaires, qu'ils n'aient pas de plan arrêté, qu'ils ne se sentent pas un point d'appui en eux-mêmes, ne le trouvant pas dans le Roi, ils iront naturellement le chercher dans les Chambres ; ils se mettront à la disposition de la majorité de la Chambre des députés, à laquelle ils appartiendront de fait. Pour se maintenir en place (et cela a toujours été et sera toujours la grande affaire d'un Ministre), ils emploieront tous leurs moyens pour se la rendre favorable ; ils céderont à ses désirs, à ses tendances à l'empiétement ; ils lui livreront même l'autorité royale dont le dépôt leur est confié, etc. : nous en rappellerons un malheureux exemple dans le chapitre suivant.

La responsabilité ministérielle, qui a tant fourni de prétextes à l'affaiblissement de l'autorité royale, n'est nullement contraire à l'action directe dont je viens de parler ; elle n'est même établie, ainsi que je l'ai dit, que dans la supposition d'une telle action. Je m'explique à ce sujet. Le Roi est libre dans sa volonté, nous l'avons remarqué au commencement de ce chapitre, et ce n'est que l'ordonnance de mise à exécution de cette volonté qui doit être contre-signée par un Ministre, comme garantie que rien n'y est contraire aux lois. Ainsi, lorsque le Roi présente son ordre au Ministre, celui-ci l'examine ; s'il y trouve quelque chose en opposition avec les lois, il le fait remarquer au Roi, en observant que s'il contre-signait, il pourrait être accusé et puni. Si le Roi insiste, et que le Ministre ne croie pas pouvoir signer, il se retire, il n'est plus Ministre : peut-être un autre, ayant une

Responsabilité des Ministres.

9.

différente manière de voir, contre-signera. Mais si l'ordonnance n'a rien de contraire aux lois, et qu'elle ne puisse ainsi donner lieu à accusation (si elle porte, par exemple, une nomination de Préfet), le Ministre doit ou signer ou donner sa démission : il est, à peu près, dans le cas de tout inférieur qui, recevant un ordre de son chef, reste encore maître de ne pas l'exécuter s'il lui répugne, ou s'il lui déplaît, mais qui alors quitte son emploi. En contre-signant de telles ordonnances, le Ministre ne peut compromettre que sa responsabilité *morale*, qu'il faut bien distinguer de la responsabilité *légale :* la première ressort du public, il peut critiquer et blâmer ; la seconde ressort des Chambres ou des tribunaux, ils peuvent punir.

La responsabilité morale, qui porte plus ou moins sur tous ceux qui ont concouru à l'émission ou à l'exécution d'un acte de l'autorité, atteint aussi les Rois; et il serait bien malheureux qu'il en fût autrement. Il faut aussi que leurs bonnes actions aient une récompense ; et s'ils ne sont pas justiciables de leurs sujets, ils le sont de l'histoire et de la postérité; et ils doivent avoir aussi l'ambition d'y faire parvenir un nom honorable.

La responsabilité morale, le blâme de tout acte de la royauté tombe principalement, il est vrai, et presque de droit, sur le Ministre contre-signant, et cela d'après une coutume nouvelle, reconnue par les lois. En conséquence, disent les prôneurs du système représentatif, il serait absurde de blâmer un Ministre d'un acte qui ne serait pas réellement son ouvrage. Mais ne serait-il pas plus absurde d'admettre que le Roi a signé un acte qu'il croit blâmable, qu'il croit devoir faire le malheur de ses sujets, ou d'admettre qu'il l'a signé sans le juger, et comme un simple automate? (et effectivement, d'après eux, le Roi ne serait pas autre chose.) En cas de dissidence d'opinion, n'est-il pas plus convenable et plus conséquent que l'inférieur cède au supérieur, le serviteur au maître, le sujet au Roi?

Cette considération s'applique également à la responsabilité légale. C'est évidemment parce que la constitution, après avoir reconnu que la *personne du Roi était inviolable et sacrée*, a admis que le Roi aurait une volonté active et réelle, et qu'il donnerait des ordres; qu'elle a voulu, pour garantie, que l'ordre, au-dessous de la signature royale, portât encore celle d'un Ministre responsable. Dans toute autre hypothèse, deux signatures seraient une vraie absurdité : l'une doit être aussi vraie que l'autre; mais l'une est le principal, l'autre est l'accessoire; l'une est le *seing*, et l'autre le *contre-seing*.

Note. Je pourrais faire remarquer que les nouvelles doctrines sont encore plus contraires au dogme de la responsabilité, que celle qui découle naturellement du texte de la Charte. Dans quelques-unes de ces doctrines, on a admis que la volonté royale était représentée par la majorité du Conseil des Ministres ; car l'unité est nécessaire dans le gouvernement, et l'on ne pouvait admettre que sept ou huit Ministres seraient sept ou huit Souverains entièrement indépendans. Mais si cette majorité veut, par exemple, la destitution d'un Préfet, et que le Ministre de l'intérieur ne partage pas cet avis, il n'en sera pas moins tenu de dresser et de contre-signer l'ordonnance de destitution : la responsabilité et le blâme ne pourront tomber que sur lui ; il faudra cependant qu'il cède à la volonté de la majorité, ou qu'il se retire. Il ne serait pas plus inconséquent, il serait plus naturel et moins pénible pour lui de n'être dans une telle dépendance qu'envers le Roi. La responsabilité des Ministres, comme l'unité dans le gouvernement, mènent plus naturellement encore à l'action directe qu'à l'action indirecte du Roi.

La responsabilité légale, en lui donnant toute l'extension possible, porterait sur tout ce qui, dans l'acte contre-signé, serait contraire aux lois du royaume : c'est ainsi que je l'ai habituellement considérée. Mais la compétence judiciaire des Chambres n'embrasse pas toute cette étendue ; la Charte est formelle sur cette compétence : les Ministres ne peuvent être accusés par la Chambre des députés, et jugés par celle des pairs, que *pour fait de trahison et de concussion.* Tout ce qu'il y aurait encore de punissable ne pourrait être considéré que comme *attentat à la liberté* ou *abus d'autorité,* délits prévus par le Code pénal, et dont la punition doit être poursuivie devant les tribunaux. Mais on observe, avec raison, que d'après les lois actuelles, la poursuite ne peut avoir lieu

qu'avec une autorisation préalable du Conseil d'état,
et que ce Conseil est dans la dépendance des Ministres. En fût-il même indépendant, ne dépendît-
il que du Roi, l'esprit de la constitution serait
encore éludé ; car on a voulu séparer le Ministre
du Roi, sous le rapport de la pénalité, ou au
moins de la condamnation (le droit de grâce
donné au Roi par la Charte l'est sans exception,
malgré l'exemple de la constitution anglaise.) La
séparation ne peut avoir lieu que lorsque l'autorisation de poursuivre émanera d'un corps entièrement indépendant du Roi, d'un corps politique et
judiciaire en même temps, et par suite de la
Chambre des pairs, le seul corps qui soit tel en
France. Il serait en quelque sorte la Chambre de
mise en accusation des Ministres, pour leurs actes
ministériels. Je remarquerai encore que comme,
en définitive, tous les actes du gouvernement se
résolvent en actes ministériels, même les autori-
sations du Conseil d'état pour la mise en jugement
de tout fonctionnaire public relativement à l'exercice de ses fonctions, il pourrait y avoir lieu à
poursuite, relativement au moindre de ces fonctionnaires, jusque devant la Chambre des pairs,
c'est-à-dire, jusque devant le tribunal le plus
élevé et le plus indépendant de la nation. Un tel
état de choses satisferait, au moins en théorie,
à toutes les réclamations faites contre la prétendue
impunité des fonctionnaires.

Les lois sur la responsabilité des Ministres sont exigées par la Charte ; leur non existence est le prétexte de bien des clameurs ; ces lois, faites suivant la lettre et même suivant l'esprit de notre acte constitutif, sont positivement dans l'intérêt de l'autorité constitutionnelle du Roi : je les crois nécessaires à la libre action de cette autorité. Je rappellerai que c'est la responsabilité mal entendue, interprétée au gré et dans l'intérêt de chacun (autre que du Roi), qui a été encore le prétexte des contraintes imposées au pouvoir royal. Malgré le peu de succès des essais faits pour nous procurer ces lois, je pense que les circonstances actuelles sont plus favorables, et je désire qu'on en profite.

Que le Roi soit fort !

DANS ce que je viens de dire, j'ai témoigné le désir de voir le Roi prendre, en toute réalité, la place qui lui est assignée par la constitution de l'État. Les uns pensent que la royauté doit dans nos temps être reléguée au fond du sanctuaire ; je crois au contraire qu'elle doit être mise en avant aujourd'hui plus que jamais ; que les Rois, aujourd'hui sur-tout, doivent marcher en tête de leurs peuples. Il y va de leur existence, il y va du bonheur des nations (car je suis de ceux qui ne peuvent admettre que les dix années de notre révolution aient été dix années de bonheur pour les Français). Les digues qui maintenaient naturellement le calme dans nos sociétés politiques, sont rompues; un souffle peut les agiter, et bientôt l'agitation se propageant, pourra les soulever jusque dans leur profondeur; tout ce qui existe peut y être renversé de fond en comble; les Rois, les grands seront les premiers atteints *(feriuntque summos fulgura montes)*; et ce n'est que par une vigilance, et une action continuelle de ceux qui sont chargés de maintenir le repos, qu'il peut être maintenu. Mûs par le sentiment du danger, par l'instinct de leur propre conservation, les Souverains de la Russie, de l'Autriche, etc., sont dans un mouvement continuel, parcourant leurs États, visitant leurs sujets, passant leurs troupes en revue, etc. : c'est sur-tout à l'époque actuelle qu'on dira, avec raison, que les gouvernemens ne sont pas de tentes dressées pour le sommeil des gouvernans. Il faut d'ailleurs que l'action soit quelque part dans la société : si elle n'est pas dans le gouvernement, elle sera dans la nation; pour que les peuples soient tranquilles, il faut que les gouvernemens agissent; dans le gouvernement, si l'action n'est pas dans le Roi, elle sera dans les Chambres : ces assertions sont des axiomes incontestables.

Ceux à qui le commandement est dévolu doivent réellement commander. La Charte veut que nos Rois commandent leurs armées : qu'ils en soient les dignes chefs! L'intérêt de la patrie, leur intérêt, leur honneur même l'exigent. Presque tous leurs ancêtres l'ont été. C'est à la tête de leurs armées qu'ils sont devenus Rois et Rois illustres, qu'ils ont acquis de la gloire, qu'ils ont conquis et reconquis les diverses provinces de leur royaume : Henri IV, lui-même, dut aussi à son épée cette couronne qu'il a transmise à Charles X, et qui le sera un jour à ce Prince que nous venons de voir, avec une satisfaction aussi vive que générale, conduire valeureusement les troupes françaises, et se montrer digne de ses aieux par son courage comme par son humanité. Nous aurons donc un Roi aimé et estimé de ses soldats, et nous n'avons plus de révolution à craindre : il est inouï qu'un Roi soldat ait été renversé du trône par ses propres sujets : sous de tels Rois, les révolutions d'Espagne, de Portugal, de Naples et de Piémont n'eussent certainement pas eu lieu.

Dans ce temps sur-tout, où toutes les doctrines de respect, de fidélité et de serment sont sans valeur, où toutes les habitudes sont rompues, et toutes les institutions sont détruites, il ne reste plus que la force pour assurer l'obéissance ; et un gouvernement ne peut subsister s'il n'est fort. Dans l'état actuel de la société, le faible ne saurait commander au fort, ce serait contre nature : il ne peut y avoir stabilité dans l'État que lorsque ce dernier commande. Je dois toutefois remarquer qu'ici les Rois héréditaires ont un immense avantage; à moins d'être réellement faibles et mésestimés des puissans

(des chefs de l'armée), ils sont comme s'ils étaient les plus forts : *Si j'eusse été seulement mon petit-fils*, je m'en serais relevé, disait, après sa chute, un des plus forts Potentats qui aient existé. Il a fallu que le dernier descendant de Clovis n'eût plus que des vertus monastiques, qu'il fût presque inconnu de la nation, pour que Pepin ait pu l'enfermer facilement dans un monastère ; il a fallu que la postérité de Charlemagne fût sans puissance réelle, et qu'elle fût tombée dans le mépris, pour que les fils de Robert le Fort s'assissent sur le trône du conquérant des Gaules.

Un habile politique disait, il y a trois siècles : « C'est folie aux princes menacés d'une chute de » se rassurer en pensant qu'ils trouveront des per- » sonnes intéressées à les soutenir et à les relever ; » cela peut ne pas arriver ; et si cela arrive, ce sera » à leurs dépens ; ils seront à la merci de ces per- » sonnes : il n'y a point, pour les princes, de » meilleures et de plus sûres défenses que celles » qui viennent d'eux-mêmes et de leur propre » courage : » aujourd'hui plus que jamais. Dans les cérémonies publiques, nos premiers Rois étaient assis sur des siéges sans dossier, pour montrer que c'était par eux-mêmes qu'ils devaient se soutenir, et qu'ils ne devaient pas compter sur un appui étranger.

Que dans notre âge les Rois comptent peu, au moment du danger, sur ces hommes sages et pai-

sibles qui composent, en majeure part, les hautes
classes de la société, quelqu'intéressés qu'ils soient
au maintien de leur gouvernement, et quelques
vœux qu'ils fassent pour sa conservation. Les temps
de la chevalerie sont passés; les officiers de l'armée
française et quelques bons Français en ont offert,
au commencement de notre révolution, le dernier
exemple, et je doute qu'il se reproduise (1). La
civilisation, en adoucissant les mœurs, a affaibli
le courage; en multipliant les jouissances de la
vie, elle y a fait tenir par plus de liens; en étendant
les facultés intellectuelles, elle a fait voir le danger
de plus loin. Dans ces jours désastreux, où nos
bataillons *révolutionnaient* l'Italie, l'Espagne, etc.,
à Venise, comme ailleurs, les classes supérieures,
amollies par la civilisation, vinrent presque au-
devant du joug; le peuple seul, de ses bras encore
forts et vigoureux, chercha à le repousser. Je crois
connaître assez le Piémont pour assurer que, lorsque l'insurrection éclata à Alexandrie et à Turin,
en 1820, les notables et les propriétaires du pays
la virent avec beaucoup de peine; ils ne voulaient
nullement une révolution; mais ils voulaient encore

---

(1) Qu'on se souvienne que les cinq sixièmes des officiers de notre
armée, sacrifiant tout à leur devoir, et pour la délivrance de leur
patrie et de leur Roi, coururent se ranger autour de leurs princes,
sous les drapeaux où l'honneur les appelait; que le corps entier des
officiers de la marine royale, transformé en bataillon d'infanterie, alla,
avec un dévouement et un courage dignes d'un meilleur sort, chercher
une mort presque certaine sur les tristes plages de Quiberon, etc.

moins se faire tuer; et même se compromettre
envers des audacieux auxquels la faiblesse du gouvernement donnait des chances de succès.

Que le sentiment de confiance en soi-même soit
sur-tout inspiré à ce tendre rejeton de tant de
Rois, auquel la Providence a destiné le sceptre qui
doit un jour nous régir; que les moyens de soutenir cette confiance lui soient donnés autant que
possible; que sa position lui soit assignée au milieu
de nos braves, et qu'il soit rendu digne d'eux;
qu'il soit, en un mot, rendu digne du héros dont
il porte le nom; qu'il soit, comme lui, élevé au
milieu du bruit des armes, et trempé dans les fa-
tigues et les dangers de la guerre! L'histoire et
l'exemple de ses illustres ancêtres, des Hugues, de
Philippe-Auguste, de Saint Louis, de Henri IV,
de Louis le Grand lui présenteront suffisamment
le modèle de toutes les vertus et de toutes les
qualités royales; plus que toute autre leçon, ces
exemples le rendront propre et digne de régner
sur des Français. Pour assurer l'empire de la justice, il ne faut pas rendre faible la main qui doit
en tenir la balance. Le *Père du peuple*, Louis XII,
avait d'abord été un des plus valeureux chevaliers
de son siècle. Ce ne sont pas les Rois forts que
nous avons à craindre; lors même qu'ils retien-
draient plus strictement dans le devoir ceux
qui les entourent, la masse de la nation n'en serait que plus heureuse et plus libre : les âmes

fortes sont aussi les plus généreuses. Certainement je veux que l'on nourrisse le jeune Prince, dès le premier âge, des maximes de l'auteur du Télémaque ; qu'on le mène devant le lit de mort d'un de ses aïeux (Louis le Gros), entendre ce Roi dire : « Mon fils, souvenez-vous que la royauté » n'est qu'une charge publique, dont vous rendrez » un jour un compte rigoureux à celui qui dispose » des sceptres et des couronnes » ; je veux qu'on ne cesse de lui répéter : que les Rois n'existent que pour les peuples ; qu'un Roi de France ne doit régner que par les lois. Mais je veux aussi que, plus tard, on lui donne à lire la déplorable histoire de Louis XVI ; qu'il y voie qu'un Roi qui a pris pour maxime *si veut le bonheur du peuple si veut le Roi*, qui n'en a jamais dévié, qui accorde tout ce qui lui est demandé au nom de ce bonheur, qui préfère verser son sang plutôt que de laisser répandre celui du dernier de ses sujets (1) ;

---

(1) « Je ne leur pardonnerais pas (aux royalistes), s'il y avait une » goutte de sang versée pour moi. Je n'ai pas voulu qu'il en fût répandu • » quand peut-être il aurait pu me conserver le trône et la vie ; et je ne » m'en repens pas. » Paroles de Louis XVI à M. de Malesherbes, en apprenant sa condamnation.

N'y aurait-il pas, dans la malheureuse fin d'un tel Prince, de quoi justifier Machiavel, disant : « Plusieurs se sont figuré des républiques » et des principautés qui n'ont jamais été, et qui ne seront jamais. Mais, » il y a si loin de la manière dont on vit à celle dont on devrait vivre, » que celui qui laisse ce qui se fait pour ce qui devrait se faire, cherche » à se perdre plutôt qu'à se conserver ; et par conséquent, il faut qu'un » homme qui veut faire profession d'être tout-à-fait bon, parmi tant

qu'il y voie qu'un Roi, la bonté même, peut
encore périr misérablement sur un échafaud, et
compromettre le bien-être ainsi que l'existence de
sa nation, lorsqu'il ne prend pas conseil de lui-
même et de son propre courage.

» d'autres qui ne le sont pas, périsse tôt ou tard. Il est donc de né-
» cessité absolue que le Prince qui veut se maintenir apprenne à n'être
» pas bon, pour en faire usage selon le besoin de ses affaires. » (*El*
» *principe,* chap. 15.)

CHAPITRE VI.

DES VARIATIONS DE L'AUTORITÉ ROYALE DEPUIS
LA RESTAURATION.

JE vais, dans ce chapitre, suivre rapidement la
marche tenue, durant les premières années de la
restauration, par les deux grands pouvoirs qui
constituent notre gouvernement, le Roi et les
Chambres législatives. Les résultats étant seuls
patens, seront seuls positifs dans cet écrit : les
causes auxquelles je les attribuerai ne seront souvent que soupçonnées, et je les donne plutôt comme
vraisemblables que comme vraies. Je dois également
prévenir que dans les critiques de certains actes,
que je puis m'être permises, je suis loin d'avoir
voulu attaquer et offenser les personnes; peut-être,
dans leur position, aurais-je fait pire : si après un
événement il est assez facile de le juger, avant il
était extrêmement difficile de prévoir l'effet des
causes qui l'ont amené; et très-souvent ceux qui
ont excité ces causes pensaient qu'elles auraient un
résultat tout différent. Je sais d'ailleurs combien
les événemens maîtrisent les hommes, et les em-
portent loin d'eux-mêmes, et par conséquent combien il faut être indulgent à leur égard (*nolite
judicare, ut non judicemini*). Ces considérations

ont long-temps retenu ma plume; et en lui laissant aujourd'hui écrire cette histoire, je m'engage, je le sens, dans un défilé bien périlleux; à gauche, j'aurai des ennemis pour le fond; à droite, j'en aurai souvent pour la forme : n'importe, dans l'intérêt de l'autorité royale, j'ai cru devoir y passer, rappeler le passé dans l'intérêt de l'avenir, et je me hasarde.

Il ne sera plus ici question du Roi : Louis XVIII avait confié son autorité à des Ministres; ce ne sera que de leurs actes et de ceux des Chambres, relatifs au pouvoir royal, dont j'aurai à parler. Pour simplifier le sujet, je me fixerai à la Chambre des députés, comme la plus influente, et celle dont les discussions ont le plus de publicité, bornant aux observations suivantes ce que j'ai à dire sur la Chambre des pairs.

Presque toutes les lois importantes sont portées, en premier lieu, à la Chambre des députés, et ce sont principalement les actes de celle-ci que les pairs ont à réviser et à modifier. Ce travail de révision est la digue naturelle contre les empiétemens que tenterait la démocratie sur l'autorité royale; il importe en conséquence que la Chambre des pairs soit forte, qu'elle soit composée de vrais royalistes, et qu'elle ait une jurisprudence bien établie.

Il est encore dans l'intérêt du Roi, que ce soit elle qui rejette toute proposition ou tout amendement non acceptable de l'autre Chambre. Il serait

Chambre des pairs.

10

à craindre que le Roi, portant chaque année à cette dernière une loi de nécessité, le budget, elle ne le refusât ou ne le réduisît outre mesure, si le Roi venait de rejeter une de ses demandes : on est tenté de répondre à un refus par un refus.

Pour que la Chambre des pairs soit forte, pour qu'elle jouisse de cette consistance et haute considération que doit avoir la première institution ou dignité de l'État, il faut que la pairie ne soit donnée qu'aux illustrations historiques et nationales, ou à d'éminens services rendus à la patrie, et par conséquent qu'elle soit peu nombreuse. Peut-être eût-il été convenable que la Charte constitutionnelle eût fixé le nombre de pairs héréditaires, et peut-être même le nombre de pairs à vie que le Roi jugerait devoir nommer. Par une raison analogue, il serait bien à désirer, tant dans l'intérêt de l'État que dans celui de la Couronne, que, révoquant toute décision contraire, et rentrant dans les termes de la Charte, le Roi reprît la faculté de nommer des *pairs à vie,* et qu'il se restreignît même presqu'entièrement à la nomination de tels pairs, maintenant que toutes les illustrations, tant anciennes que modernes, sont revêtues de la pairie héréditaire. Alors ces nominations en masse, auxquelles des besoins du moment ou des circonstances particulières donneraient lieu, ne porteraient pas leurs mauvais effets jusqu'aux générations à venir. Toute institution, tout acte (tels que certains emprunts), par lequel la génération présente s'empare des droits ou des biens qu'une équité naturelle semblait réserver aux générations futures, est immoral et impolitique : c'est dévorer le bien d'autrui.

Passons à la Chambre des députés ; et, avant d'en venir à ses rapports avec le Roi, rappelons deux axiomes avec quelques-unes de leurs conséquences. Chambre des députés.

I. L'homme tend naturellement à la domination ; un instinct insurmontable le porte à désirer le pouvoir, et à s'en saisir dès qu'il le trouve à sa portée. Toute corporation a la même tendance, et cherche, par conséquent, à étendre ses attributions : sous ce rapport, elle a même plus de moyens qu'un particulier ; le nombre enhardit, le fort entraîne le faible, le passionné entraîne le sage ; et comme elle se perpétue, ce qu'elle a une fois acquis lui reste ; elle ne peut que gagner. De là les effets généralement reconnus de ce qu'on nomme *l'esprit de corps ;* il sera d'autant plus entreprenant, qu'il planera moins de responsabilité sur chaque membre de la corporation, et qu'il y aura moins de chances à son détriment personnel. — La Chambre des députés est, dans ses attributions, en contact immédiat avec le Roi ; les limites ne sont pas toujours tracées par la Charte d'une manière incontestable : la Chambre cherchera à les reculer, c'est naturel ; mais il serait tout aussi naturel que le Roi les défendît de son côté ; s'il ne le fait pas, il doit être Principes préliminaires.

envahi : une défense continuelle est ici d'autant
plus nécessaire, que les chances sont loin d'être
égales de part et d'autre. Que peut-il arriver aux
députés pour peine d'une entreprise d'empiétement
même téméraire ? La dissolution de la Chambre ?
Chaque député retournera dans les foyers d'où il
était sorti il y a quelques mois ; il n'aura rien perdu
en biens, en droits, en honneur et même en considération : au contraire, il aura presque toujours
gagné sous ce dernier rapport, car le peuple sera
habituellement du parti démocratique et pour
les raisons démocratiques, ainsi que pour l'opposition (c'est dans le caractère national) ; très-souvent le député, remis aux suffrages de ceux qui
l'avaient déjà nommé, sera renvoyé à la nouvelle
Chambre ; ce renvoi sera un sujet de triomphe
pour lui, et un échec pour le Roi ; le député re-
doublera d'ardeur dans la poursuite de son plan :
ainsi le remède aura été illusoire ; au lieu de guérir
le mal, il le rendra ordinairement mortel. Si le Roi,
de son côté, tentait un empiétement, les députés
feraient retentir la tribune et la France de leurs
plaintes et de leurs philippiques, ils refuseraient
le budget, et la Couronne serait compromise. D'une
part, l'on peut se défendre et attaquer presque
sans crainte ; de l'autre, on ne peut que se défendre et perdre : pareille position n'est pas tenable ;
et le Roi ne saurait la tenir, si ses autres attributions ne lui donnaient le moyen d'exercer une in-

fluencé dans l'intérieur de la Chambre, pour s'y former et s'y maintenir une majorité (1) ; et si même, de temps à autre, des circonstances extraordinaires ne portaient à rétablir les choses dans leur état primitif.

II. Toute personne revêtue d'une autorité ne saurait en faire la moindre concession à celui qui tend à l'envahir, sans se faire un tort manifeste. Cette concession ne satisferait pas celui à qui elle serait faite, car le propre de l'ambitieux est de vouloir encore plus à mesure qu'il acquiert; il veut parvenir jusqu'au faîte du pouvoir qu'il ambitionne : elle augmenterait les moyens d'attaque d'une part, et elle diminuerait les moyens de défense de l'autre. — Le Roi, par de nouvelles concessions à la Chambre des députés, ne ferait qu'accroître les désavantages d'une position déjà trop défavorable. Cette Chambre est à son égard ce qu'on nomme, en diplomatie, la *puissance rivale*, et par conséquent la puissance naturellement ennemie, contre laquelle il faut se tenir en garde. — Qu'on ne compte point sur la reconnaissance de ceux à qui une concession est faite : en 1787, le parlement de Paris, deman-

---

(1) Lorsque M. Jaukowitz a proposé de statuer, que tout député qui recevrait un emploi dans le gouvernement fût renvoyé à la chance d'une nouvelle élection, si j'eusse été membre de la Chambre des députés, il est possible que, par délicatesse, j'eusse voté dans le sens de la proposition; mais, bien certainement, dans la Chambre des pairs, j'eusse opiné pour le rejet : la proposition donnait encore plus de force au pouvoir démocratique déjà si fort.

dant les états-généraux, assurait le malheureux Louis XVI, qu'il n'aurait à craindre que les prodigues excès de leur zèle pour la splendeur de son trône : le Conseil des Ministres, dirigé par M. Necker, demandant la double représentation du tiers-ordre, se rendait garant de sa vive reconnaissance : on sait ce qui arriva.

Au reste, en disant que le Roi doit se tenir sur une défensive continuelle envers la Chambre des députés, je suis bien loin de vouloir inspirer un esprit hostile. Je pense au contraire qu'il faut prévenir, avec le plus grand soin, toute espèce de contestation; et que dans notre constitution, le grand art du gouvernement est d'entretenir une très-bonne intelligence avec cette Chambre, sans toutefois faire le sacrifice d'aucune des prérogatives de la Couronne.

Dans l'examen de la situation de l'autorité royale durant les premières années de la restauration, je passerai sous silence 1814. Il est au-dessus de mes moyens de concevoir comment le Roi pouvait gouverner à une époque où la force publique n'était pas à lui, ni pour lui. L'armée que Louis XVIII trouva, en rentrant en France, venait de faire la guerre pendant vingt ans, avec le plus grand éclat; mais elle péchait par un excès de vertu militaire, la soif des combats : la guerre, avec ses désordres, était devenue une nécessité pour elle; elle ne pouvait se supporter et sous un Roi pacifique, et au milieu de citoyens qu'il fallait respecter.

En 1815, il en fut tout autrement; cette armée n'existait plus, et la force physique qui se trouvait en France y était comme à la disposition du Roi.

J'ai dit ailleurs (pag. 60) dans quelles circonstances furent nommés les députés de cette année, quelle direction leur avaient imprimée les colléges électoraux, et avec quelle appréhension le ministère reçut ceux qu'il pensait être trop ardens et trop royalistes. On sortait de la terrible crise des cent jours, on gémissait sous le poids des malheurs qu'elle avait attirés sur la France; l'indignation des colléges électoraux était générale, on demandait la punition de ceux qui avaient trahi le Roi; on accusait le gouvernement royal de trop de douceur, et de n'avoir pas eu assez d'action ; on parlait d'établir une dictature, et de suspendre la Charte. Le ministère chercha, avec raison, à modérer ces idées, et à assurer le maintien de la loi constitutionnelle. Mais, agissant dans un esprit de méfiance et presque d'hostilité, dès la première séance et en présence du Roi, il voulut lier les députés; et à l'improviste, il exige d'eux le serment d'obéissance à la Charte. Cette précaution était bien superflue; à peine la Chambre fut-elle réunie, qu'elle sentit qu'elle ne devait qu'à la Charte l'autorité qu'elle brûlait d'exercer; il fut loin de sa pensée de la suspendre, et de donner la dictature au Roi : elle était bien plus encline à se la donner à elle-même, comme représentant la nation; et dans le fait, elle la prenait : tous les royalistes qui essayèrent de s'y opposer, en défendant les prérogatives de la Couronne, furent honnis sous le nom de *ministériels* : MM. Bellart, Laîné, etc., qui, montrant un grand courage aux jours de danger, avaient puissamment contribué à la restauration des Bourbons, furent vus presque comme des révolutionnaires. — Les Ministres, par suite de l'initiative royale, présentèrent une loi d'élections établie sur les meilleures bases qui pussent, et qui puissent encore convenir à la France, les *notabilités* en tout genre. A peine jeta-t-on un regard dédaigneux sur un travail d'autrui : ce qu'il y a à faire, semblait-on dire, nous le ferons bien nous-mêmes; et effectivement on entreprit de faire une toute autre loi. Vous ne le pouvez, vous pouvez amender, mais non changer entièrement, leur objectaient les défenseurs du pouvoir royal; on se contenta de leur répondre, vous n'entendez pas la *théorie de l'amendement;* et par suite de cette belle théorie, on mit entièremént de côté le projet présenté par le Roi, comme devant lui donner trop d'influence; on lui en substitua un auquel on ne pouvait certainement faire ce reproche : c'était tout ce qui, depuis près de vingt ans, avait été fait de plus démocratique en matière législative : par cette raison, et par bonheur pour nous, la Chambre des pairs le rejeta. Le projet de budget fut amendé de la même manière, c'est-à-dire, presque entièrement refondu : depuis, dans la discussion des budgets, on n'a plus autant méconnu les droits constitutionnels de la Couronne. Chargés de la révision de la Charte, les députés se montrèrent plus qu'éloignés du dessein d'y accroître ou d'y fortifier les prérogatives royales ; et des Ministres qui, encore une fois, avaient pensé qu'on ne serait embarrassé que pour mettre des bornes à des prodigues excès de zèle, furent singulièrement trompés dans leur attente. On eût dit, en voyant la conduite de cette Chambre, et en entendant les discours de ses membres, qu'elle ne se proposait rien moins que de réformer, en France, la société perdue par vingt-cinq ans d'anarchie et de despotisme : tout lui semblait à refaire, et à refaire de suite. Elle nous rappela un instant l'assemblée constituante, qui essaya aussi de tout régénérer ; comme cette assemblée, elle allait renverser tout ce qui existait, sans trop savoir ensuite que mettre à sa place. L'ordonnance du 5 septembre 1816 nous préserva de cette œuvre de destruction ; elle révoqua l'ordonnance qui prescrivait la révision de la Charte, et elle ferma ainsi la brèche que cette ordonnance de révision avait si imprudemment faite au seul rempart derrière lequel le pouvoir royal puisse se défendre avec avantage ; brèche par laquelle tous les partis allaient faire irruption et forcer cette autorité : considérée sous ce rapport, on ne peut disconvenir que l'ordonnance du 5 septembre ne fût extrêmement politique.

Mais elle avait été conçue dans un tout autre esprit; ce qui en fait tout le mérite à mes yeux ne fut guère qu'un prétexte pour ses auteurs : entre les Ministres, ou plutôt entre le principal Ministre de fait, et les chefs de la Chambre, il s'était établi une lutte personnelle, et il s'en était suivi une haine réciproque. Le Ministre, naturellement hardi, frappa un coup afin d'éloigner ces chefs; et puis il employa tous ses moyens pour en venir à bout; il appela à son aide tous leurs ennemis; ceux même contre lesquels il avait lui-même sévi, qu'il avait comme exilés, par suite de leur conduite ou de leur disposition ennemie envers le Roi, purent se rendre aux colléges électoraux. Enfin, il réussit; une partie de ceux qu'il voulait éloigner le furent; et la majorité des nouveaux députés fut presque à la disposition du gouvernement.

1816. Je crois qu'alors, un digne Ministre du Roi, ayant un plan bien arrêté, conçu avec sagesse et suivi avec fermeté, eût fait, au nom du Roi et dans le sens de la royauté, à peu près tout ce qu'il eût voulu. Mais la guerre était entre les personnes, et l'on s'inquiéta fort peu des choses. Brouillé avec les chefs des royalistes, le Ministre se lia avec les révolutionnaires; pour éviter un danger on se jeta dans un plus grand; et le ministère offrit le triste spectacle d'un général, qui, n'ayant su maintenir la subordination dans sa propre armée, appelle à son secours l'armée ennemie. Dès-lors il est dans sa dépendance; et il en fut réellement ainsi.

Note. Mais, objectera-t-on, le parti de *droite* ne voulant plus marcher avec le gouvernement, il fallait bien que celui-ci s'appuyât sur le parti de *gauche*. Me préserve le ciel d'admettre ce principe des doctrines modernes, qu'on ne peut gouverner qu'appuyé sur un parti, c'est-à-dire, livré à un parti (1) : je l'ai dit, la domination des partis est le malheur des nations; et c'est pour les en préserver que la royauté héréditaire a été principalement instituée. Je m'abuse peut-être; mais il me semble qu'il était bien facile au gouvernement d'agir, sans en venir à cette déplorable extrémité. — Comment était composée la Chambre de 1816? Dans cette Chambre, comme dans toutes celles qui ont suivi jusqu'en 1821, je vois trois groupes principaux bien distincts : l'un, formé par les ennemis prononcés et même les victimes de la révolution; il venait la combattre dans ses principes, et jusqu'à un certain point il menaçait ses résultats : l'autre, composé de personnes au profit desquelles avaient tourné ces principes et ces résultats, venait les défendre : entre deux, et au *centre*, on voyait une nombreuse masse improuvant la révolution, mais familiarisée avec elle, et qui en avait subi et adopté les effets; elle craignait tout mouvement, soit dans un sens, soit dans un autre, et s'attachait en conséquence à l'état actuel des choses, ainsi

(1) Je parle des partis proprement dits, et non de la masse d'une nation. Les anglicans avec les presbytériens étaient plus qu'un parti sous Jacques II d'Angleterre. En Espagne, le clergé possédant les plus grandes propriétés, tenant sous son influence, et comme dans sa dépendance, la grande majorité de la population est plus qu'un parti; et j'ai ouï dire à un homme, qui avait aussi commandé dans ce pays : « Il faut que le Roi d'Espagne gouverne avec le clergé, ou qu'il l'anéantisse; et je doute qu'il soit assez fort pour opérer cet anéantissement. »

qu'au gouvernement du Roi ; ici étaient principalement les intérêts généraux, et l'on pourrait par conséquent dire le parti national. Dans l'origine, ces royalistes différaient de ceux de l'extrême droite, en ce qu'ils voulaient maintenir, et que les autres voulaient des changemens : ceux-ci, se plaçant au-dessus du gouvernement, voulaient le dominer et le pousser ; les premiers se tenaient au-dessous et voulaient le seconder. Le gouvernement voulut aussi maintenir, ou ne pas marcher avec la précipitation que le parti haut-royaliste désirait ; il résista, et il fit bien. Mais pourquoi aller se jeter dans le parti révolutionnaire, et ne pas se mettre à la tête de la masse centrale, qui ne demandait pas mieux que de l'avoir pour chef, et qui, par la suite, ne s'est divisée, et n'en a pris d'autres, qu'à son défaut ? Il ne faut pas s'attendre à ce que des masses circonspectes et résignées poussent comme des masses populaires en mouvement, ou des partis tendant à la domination ; mais le centre aurait suivi le gouvernement et l'aurait assisté de ses suffrages : on l'a tiré à gauche ; il fallait le tirer directement vers le Roi, et il y serait allé bien plus volontiers : ne voyons-nous pas aujourd'hui (1824) le ministère conduire une masse centrale, malgré l'opposition de deux extrêmes ? On pouvait également le faire en 1817. Comment peut-on dire que le Roi eût été sans appui ? Indépendamment de l'opinion générale, revenue de sa première exaspération, il avait à sa pleine disposition les moyens qui suffiront toujours à nos Rois pour l'exécution de leurs volontés légales, une garde royale dévouée, les Préfets et la gendarmerie : et quel immense corps de réserve était encore alors derrière la garde royale ! Comment le gouvernement, qui avait eu assez de force pour dissoudre l'armée de la Loire, n'aurait pas eu celle de se mettre au-dessus de quelques exigeances impolitiques et irréfléchies ; car, en définitive, il ne s'agissait pas d'autre chose ? L'alliance du gouvernement des Bourbons avec le parti de la révolution était monstrueuse ; elle est contre nature, et ne saurait produire que divisions et troubles dans la nation, et elle n'y a pas produit autre chose ; elle a retardé de quatre ans le bienfait de la pacification, et elle a été au moment de produire de plus grands malheurs, ainsi que nous le verrons plus bas.

Le parti, auquel le gouvernement venait de se livrer, voulut d'abord qu'on assurât son existence ; les colléges qui étaient en possession du droit électoral, bien que formés sous Bonaparte, ne lui étaient pas en général favorables ; il en fallut de plus démocratiques ; et on rédigea une nouvelle loi d'élections : elle n'était en quelque sorte que la mise à exécution d'un article de la Charte, mais exécution trop directe. Le ministère, en la présentant et en la soutenant, se chargea du rôle démocratique. L'ancienne majorité de 1815, devenue minorité en 1816, forma l'opposition : par suite, elle parla monarchie lorsque le ministère tenait un langage démocratique, et démocratie lorsqu'il en tenait un monarchique. En s'opposant au fond de la loi, elle en signala les vices, et annonça les effets qu'elle devait avoir : d'un autre côté, le projet contenait une disposition favorable à l'autorité royale, la formation des bureaux ; les royalistes, sentant que les Ministres s'en serviraient contr'eux, la ridiculisèrent et la firent tomber. Je l'ai dit, la guerre n'était plus qu'entre les personnes : cherchant à nuire à ses antagonistes, on ne se faisait pas le moindre scrupule de soutenir aujourd'hui des principes ou des doctrines qu'on avait com-

battus la veille : on se rappelait merveilleusement,
et on ne l'a pas oublié depuis, cette maxime du
cardinal de Retz : qu'il faut souvent changer d'opinion pour être toujours de son parti.

1817.   La nouvelle loi diminua le nombre de royalistes
de tout bord dans la Chambre élective. Quelques
membres du conseil du Roi ne purent voir, qu'avec
répugnance et déplaisir, arriver les hommes des
cent jours, ceux qui avaient proscrit la dynastie
royale ; on éloigna ces Ministres, on les rem-
plaça par des personnes moins susceptibles, et le
ministère se prononça plus encore pour le parti
démocratique : il voulut même le fortifier aux
dépens des droits de la Couronne. — La Charte
donne au Roi la nomination de tous les emplois
publics ; à plus forte raison, celle des officiers
d'une armée que cette loi a placée sous son commandement immédiat. Les Ministres demandent
que ce droit soit restreint, et que le corps législatif
y pose des limites. Ce sont les Ministres de la
Couronne qui se consument en efforts pour lui
arracher une de ses plus précieuses prérogatives,
qui proposent l'acte le plus impolitique, même le
plus en opposition avec les idées reçues en France,
qui immiscent les Chambres dans l'administration
de l'armée, et en font un tribunal où les militaires
pourront appeler des décisions du Roi, leur com-
mandant suprême. Les Chambres, où les royalistes
étaient encore en majorité, notamment à la Chambre

des pairs, hésitent à recevoir la nouvelle attribution qu'on veut leur donner, à empiéter évidemment sur les droits constitutionnels de la royauté; et ce seront encore les Ministres du Roi, qui, employant tous les moyens du gouvernement, les forceront en quelque sorte à franchir le pas, et à une violation de la Charte; et, malgré tous ces moyens, ils n'obtiennent qu'à la majorité de quelques voix, la décision anti-monarchique qu'ils sollicitent.

Note. Qu'il soit permis quelques remarques à un ancien militaire. Certainement, dans l'armée aussi, il faut qu'il y ait de la stabilité, que chacun y soit assuré de son état. Rien ne choque plus les vieux officiers, les vieux soldats (et ce sont les meilleurs), ne les dégoûte plus que des changemens continuels dans les manœuvres, l'équipement, etc. Rien n'indique plus une faible administration que ces promotions d'officiers supérieurs ou généraux en nombre disproportionné à l'armée qu'ils ont à conduire : le grand Frédéric, le suprême modèle en tout ce qui concerne la bonne constitution des armées, faisait presqu'une affaire d'état de la nomination d'un général. Rien n'est plus décourageant ni plus destructif de la vertu militaire qu'une profusion désordonnée de grades et de décorations : c'est avilir la *monnaie de l'honneur français*, et un tel mal est extrême. Sur tous ces objets, il faut des règles fixes et authentiques; il faut donner à l'armée des garanties morales de leur stricte exécution; mais ces règles, ces garanties, c'est le Roi seul qui doit les établir et les assurer : il pourrait y avoir, près de lui, un *Conseil supérieur de la guerre*, à peu près comme est maintenant, en Autriche, le Conseil aulique : il serait chargé de rédiger toutes les ordonnances militaires, et de veiller à leur exécution. Les Ministres et les défenseurs

Observations sur l'avancement dans l'armée.

du projet de loi sur l'avancement militaire, ont semblé
dire qu'en France, le Roi ne saurait pas maintenir ces règles.
Il ne fallait donc pas que la Charte lui donnât la puissance
exécutive, la nomination des emplois et le commandement des
armées; c'est-à-dire, qu'il ne fallait pas de Roi en France, et
qu'il fallait y établir une république : il me semble que ce serait la conséquence de l'assertion ministérielle. En preuve de
cette assertion, on a cité tous les abus, toutes les profusions
de grades qu'il y avait, immédiatement avant la révolution,
dans notre état militaire. Je suis loin de nier qu'il n'y eût des
abus; ils m'ont trop affligé; ils ont rendu cette triste guerre
de sept ans trop indigne des armées qui, depuis trois siècles
(le règne de Charles-Quint excepté), tenaient la suprématie
dans l'Europe. Mais antérieurement, sous nos Rois, les ordonnances étaient autres, et elles étaient bien observées : même à
l'époque citée, où toutes nos institutions étaient en décadence,
le mal n'avait pas gagné le corps de l'armée, les règles pour
l'avancement y étaient strictement suivies : on n'arrivait, dans
l'infanterie, au grade de capitaine que par rang d'ancienneté,
on n'avait pas de passe-droit à craindre (les mœurs y mettaient
un fort obstacle; et les mœurs peuvent encore plus que les
lois). Dans une arme, à laquelle j'avais l'honneur d'appartenir,
le corps de l'artillerie, le *meilleur et le mieux composé de
l'Europe*, au jugement de Bonaparte (*Mémorial de Sainte-
Hélène*, tom. 4, pag. 344), l'ancienneté seule menait aux
premiers grades : la nouvelle loi n'y a fait que du mal. En
administration militaire, elle est très-mauvaise; elle a porté,
dans le corps de l'armée, un mal qui n'était qu'à la tête; elle
assure, jusque dans les derniers rangs, des droits à l'intrigue
autant qu'au mérite. Un jour elle sera rapportée; et une ordonnance, distinguant les avancemens en temps de paix de
ceux en temps de guerre, soumettra les premiers à des règles
fixes. Ce n'est pas ici le cas de dire quelles me paraissent devoir être ces règles.

La loi sur l'avancement dans l'armée n'apporte qu'une restriction à un droit particulier du Roi; nous allons voir comment, par les lois de finances rendues dans diverses sessions, on a restreint un droit général, et comment les Chambres, en s'emparant de la fixation des dépenses de l'État, se sont rendues en partie maîtresses de l'administration du royaume.

Spécialité dans les dépenses.

La Charte dit : *Aucun impôt ne peut être établi ni perçu, s'il n'a été consenti par les deux Chambres.* Ainsi, le Roi ayant la puissance exécutive, l'initiative de toute loi, et par conséquent aussi celle de l'impôt, demande chaque année aux Chambres, et d'abord à celle des députés, les impôts nécessaires pour solder les diverses dépenses publiques : les Chambres consentent ou ne consentent pas ces impôts, ou même n'en consentent qu'une partie : voilà leur droit; constitutionnellement parlant, il ne va pas plus loin.

Mais elles y sont allées, et elles avancent presque à chaque session. Au reste, il n'est ici question que de la Chambre des députés; se prévalant et de ce que la proposition de l'impôt doit lui être d'abord faite, et de l'exemple de l'Angleterre, elle s'est exclusivement emparée de toute discussion et de tout vote sur les lois de finances. La chambre des pairs, cédant au plus fort, a passé condamnation sur cet objet : elle est réduite à un simple vote, par oui ou par non, sur l'ensemble d'un budget,

11

vote de pure forme, car il faut un budget; elle
ne saurait le refuser.

On a dit, dans la Chambre élective : le vote
de l'impôt doit être libre et raisonné; la raison de
l'impôt est la dépense; examinons donc et *votons*
la dépense. On a encore ajouté : la raison de la
dépense est un service; examinons donc et *statuons*
sur le service (sur les détails du service des ponts
et chaussées, par exemple). Vainement la Chambre
des pairs, défendant les attributions du Roi, a-t-elle
cité la Charte, les anciens exemples de notre histoire; a-t-elle démontré que toute disposition législative, sur l'emploi des deniers publics, serait
une infraction aux principes essentiels de la monarchie maintenus et confirmés par la Charte
(Rapport sur le budget de 1816); l'empiétement
n'en a pas moins continué.

Puisque chaque Ministre est responsable dans
son département, a-t-on dit dans une autre circonstance, fixons la somme affectée à son département, et s'il la dépasse, il sera poursuivi, en
vertu de la Charte, comme concussionnaire : et
on a positivement établi, par une loi, qu'il ne
pourrait dépasser la somme fixée. Ce raisonnement
ne me paraît que spécieux : d'après nos lois, il n'y
a de concussion de la part d'un fonctionnaire public, que lorsqu'il perçoit ou ordonne de percevoir
ce qui n'est pas dû; or, tant qu'un Ministre ne
fera pas percevoir un impôt non voté par les

Chambres, il ne sera pas concussionnaire. On peut encore attaquer la loi dans ses conséquences : qu'au milieu d'une guerre, par exemple, il faille transférer à la marine des fonds destinés à l'armée de terre, il serait contre l'intérêt public que le Roi ne pût ordonner un *transfert,* qui est évidemment dans les attributions de la puissance exécutive.

Les dépenses projetées, pour chaque ministère, dans le budget annuel, sont divisées par *chapitres* et sous-divisées par *articles.* Par suite de la loi précitée, un Ministre rend ses comptes conformément aux crédits qui lui ont été ouverts ; et un changement ne peut être effectué aux divers chapitres qu'en vertu d'une ordonnance royale. Jusque-là encore, le Roi restant arbitre, il n'y aurait rien à objecter.

Mais depuis, on a été plus loin ; la Chambre a délibéré et voté sur chacun des articles, et elle l'a modifié à son gré. Par exemple, elle a voté sur la question de savoir s'il y aurait encore, auprès du Ministre de l'intérieur, un comité d'architectes chargé d'examiner et de réviser les plans relatifs aux grands édifices publics ; elle a réduit d'un dixième le traitement des Préfets ; elle a supprimé, une fois, les secrétaires généraux des préfectures, etc. Tous ces actes ne sont-ils pas, par leur nature, de la compétence du pouvoir exécutif ? Non, répondra-t-on, la Chambre n'opère que sur les traitemens. On y a formellement dit : *Le Roi nomme les fonctionnaires ; c'est à nous à fixer leur traitement, et même à le supprimer entièrement, si nous le jugeons convenable :* supprimer un traitement n'est pas supprimer une place. N'est-ce pas là un vrai sophisme? Délibérer si l'on payera, ou si on ne payera pas les membres du comité des bâtimens civils, n'est-ce pas délibérer, dans le fait, sur l'existence de ce comité? Une telle *spécialité* dans la fixation rendrait évidemment la Chambre élective maîtresse absolue du gouvernement et de l'administration.

On l'a dit, avec raison, le budget est une affaire de bonne foi entre le gouvernement et la Chambre. Le premier, en demandant des fonds, expose l'usage qu'il veut en faire, et il l'expose en détail, afin d'en faire sentir la nécessité ou la convenance, et d'inspirer de la confiance. Lorsque la dépense est faite, il en rend compte jusqu'au dernier centime ; et s'il a été fait quelque changement dans la distribution d'abord projetée, il en fait connaître les motifs ; non qu'il soit tenu à cette justification, (en vertu de quel article de la Charte y serait-il tenu?) mais parce qu'il agit de bonne foi, et qu'il veut continuer d'inspirer la confiance. S'il en agissait autrement, qu'il employât, par exemple, à bâtir des palais les sommes demandées pour bâtir des forteresses, la Chambre, trompée et justement mécontente, réduirait, et peut-être outre mesure, les fonds qu'on lui demanderait à l'avenir, et elle userait de son droit. Mais elle abuserait de sa force, et attenterait au libre exercice du pouvoir royal, elle usurperait ce pouvoir, si elle voulait forcer le Roi à s'astreindre au projet de dépense qui lui aurait été présenté, et encore plus à un état de dépense qu'elle aurait elle-même dressé ou modifié. Qu'elle émette des vœux, qu'elle fasse même des demandes formelles, lorsqu'elle le croira utile, sur les divers articles de dépense; mais qu'elle ne les *fixe* pas, même lorsque cela lui paraîtrait avantageux : ce n'est pas son droit. La constitution ne lui donne pas le droit de forcer le Roi à bien faire, et à plus forte raison celui de le forcer d'agir selon ses volontés, et quelquefois selon ses caprices. Je me demande souvent comment des Ministres du Roi ont-ils pu porter, non à l'examen, mais au vote de la Chambre des députés, l'état des dépenses annuellement projetées : ce vote est entièrement inconstitutionnel; il change la constitution établie par la Charte : elle donne le droit de consentir les impôts, et non de régler les dépenses. Que les élections soient entièrement indépendantes de la Couronne, que les députés en soient entièrement indépendans, que leur Chambre règle, à sa volonté, les dépenses de l'État, dès-lors notre gouvernement est entièrement démocratique : c'est incontestable; j'en appelle au simple bon sens de celui qui voudra se donner la peine de réfléchir un instant sur cette matière.

Reprenons l'histoire des sessions.

1818. Dans celle de 1818, les royalistes diminuèrent encore. La nouvelle loi porta ses fruits : les révolutionnaires arrivèrent ; à leur tête parurent et le geolier de Louis XVI, l'homme le plus coupable, après les régicides, envers ce malheureux monarque, qui n'était d'ailleurs connu que par sa félonie et la nullité de ses moyens, et Manuel, le héros de l'assemblée des cent jours, etc. Le mal était manifeste, et le danger imminent. La Chambre des pairs en fut effrayée ; et, de la manière la plus circonspecte et la plus respectueuse, elle supplia Sa Majesté de faire réviser une loi d'élections qui, par sa trop grande démocratie, allait perdre la royauté et rejeter la France dans les révolutions. Ceux qui dans le ministère conservaient encore quelque principe monarchique, qui tenaient à un ordre de choses garant de quelque stabilité (MM. de Richelieu, Laîné, Pasquier, Molé, Roy), partagèrent cette opinion ; mais elle ne fut pas celle du Ministre influent : il fait renvoyer ces Ministres ; il emploie ses moyens pour faire rejeter, par la Chambre basse, la proposition de la Chambre haute : il punira même celle-ci de sa prévoyance, de l'esprit de sagesse, et des sentimens monarchiques qu'elle vient de montrer ; il y introduira soixante nouveaux pairs, pris, en grande partie, parmi ses amis, et dont les principes démocratiques lui sont ainsi connus. Acte malheureux ! peut-

être le plus malheureux de ceux que le pouvoir a
faits depuis la restauration : exemple funeste ! On
a cherché à annuller, et l'on a montré comment
on pouvait annuller l'influence et la volonté législative du premier corps de l'État, du boulevard
que la constitution a établi pour mettre le Roi et
la nation à l'abri des irruptions de la démocratie.
Le ministère, débarrassé de tout obstacle, suit
franchement sa carrière : un jury jugera les délits
de la presse, et tous les outrages que la presse fera
à la Religion ne seront pas regardés comme des
délits ; les régicides, bannis en vertu d'une loi,
seront rappelés, etc. Une guerre à outrance sera
faite aux royalistes ; dans des correspondances privées, auxquelles on donnera beaucoup de publicité,
on s'efforcera de ridiculiser et de vilipender ce qu'il
y avait de plus vénéré parmi la saine partie de la
nation, le respect pour la Famille royale, et ces
institutions qui avaient si long-temps fait la gloire
et le bonheur de la patrie.

Les élections de 1819 se préparent ; le ministère   1819.
indique l'esprit dans lequel elles doivent être faites ;
il donne la présidence de quelques colléges à des
personnes qui ont figuré dans la Chambre qui avait
proscrit les Bourbons, en 1815. L'appel n'est que
trop bien entendu. De tous côtés, les ennemis de
la royauté et de l'auguste dynastie se mettent en
mouvement, annonçant leurs sinistres projets : ils
courent aux colléges électoraux. Le plus avancé

de ces colléges, dans le parti de la révolution,
députe à la Chambre élective un *régicide;* ailleurs,
un grand nombre de votes sont donnés dans le
même sens : on entache de nouveau l'honneur national : un cri d'indignation s'élève de toutes parts,
rien ne peut le retenir; il s'élève jusqu'au trône.
La Cour, jusqu'alors abusée, sentit le coup : le
Roi vit enfin qu'il fallait changer un ordre de
choses, qui aurait incontestablement amené, dans
un ou deux ans, une Chambre, dans laquelle il
eût été mis en délibération s'il ne convenait pas de
changer l'ordre de la succession au trône.

Que projetait donc le ministère qui avait amené
cet ordre de choses? Quelques écrits, publiés
par des personnes qui ont été dans sa confidence,
donnent assez à le connaître : il voulait assurer,
sur de fortes bases, la domination du parti de la
révolution; en conséquence, il voulait éloigner à
jamais tous ceux qui étaient opposés à ce parti :
les Ministres voulaient sur-tout éloigner ceux des
royalistes qui cherchaient à les déplacer (voilà
vraisemblablement le vrai mobile; et je veux bien
croire que la haine, en les aveuglant, les empê-
chait de voir toutes les conséquences de leur système). Des royalistes, des ennemis de la révolution,
ceux qui l'avaient combattue, ne pouvaient manquer de trouver tôt ou tard un appui dans les
frères, dans les héritiers de Louis XVI, dans
ceux qui, n'ayant jamais quitté nos Princes, étaient

nécessairement encore autour d'eux, et avaient
été comme eux proscrits par la même révolution :
il fallut leur ôter cet appui, et faire passer l'autorité du Roi, des héritiers de nos anciens Rois,
dans cette Chambre, où la nouvelle loi électorale donnait le dessus au parti de la révolution,
et qui par suite était si naturellement ennemie de
leurs ennemis. Il fallait encore, pour ne leur laisser
aucun espoir de retour, et pour assurer irrévoca-
blement la domination de la Chambre, la rendre
plus forte et plus active ; en conséquence, on eût
augmenté le nombre de ses membres, et, éloignant
ces personnes âgées, qui, par leur sagesse et leurs
anciens souvenirs, eussent répugné à un tel déplacement de pouvoir, on l'eût composée d'hommes
pleins des idées nouvelles, et étant encore dans cet
âge où l'on veut et peut les mettre en jeu, et combattre, s'il le faut, pour elles. Je le demande, si
des Ministres avaient réellement conçu un tel projet, s'ils avaient cherché à le mettre en exécution,
ne seraient-ils pas, et de la manière la plus formelle, dans le cas de cette accusation, qui, aux
termes de la Charte, doit être portée contre un
Ministre pour fait de trahison ? Jamais il n'y aura
trahison de la part d'un Ministre, ou elle existera
lorsqu'il aura tenté de renverser la loi fondamentale
de l'État, et de livrer l'autorité qu'il s'était engagé
à maintenir, par serment, lorsqu'il en a reçu le
dépôt. Je dirai plus, ces Ministres allaient détrôner

le Roi, qui s'était confié en eux : tout le monde le
sent; l'alliance entre le parti de la révolution, et
la royauté des frères et fils de la plus auguste victime de la révolution, de ceux qui en ont été aussi
victimes, est impossible : la révolution de 1688
n'a pu se bien asseoir, en Angleterre, que par la
substitution de la maison d'Hanovre à celle des
Stuarts.

Le sentiment d'indignation qui s'était manifesté
dans la nation, à la nouvelle de la nomination faite
par le département de l'Isère, éclata aussi dans la
Chambre dès qu'elle fut assemblée. Un *régicide* est
indigne d'y siéger, s'écria-t-on; et bien que son
exclusion fût ensuite prononcée pour un vice de
forme, l'*indignité* n'en fut pas moins reconnue :
elle eût été admise à défaut d'autre moyen. Je l'ai
dit; c'est ce sentiment de l'honneur et des convenances, si actif chez notre nation, qui a préservé,
en 1820, la royauté de la honte qu'elle a été au
moment de subir; qui, quelques mois plus tard,
l'a affranchie du joug de la révolution qui allait
lui être imposé; et qui même, d'après la remarque
que j'en ai faite, a conservé le trône à la Famille
royale.

Il fallait changer la loi d'élections qui venait de
donner le scandale et d'inspirer la crainte des plus
grands maux : trois Ministres ne partageant pas
cet avis se retirèrent; et ce fut celui qui, un an
auparavant, s'était porté, je pourrais dire, à des

extravagances, à la simple idée d'une modification,
qui vint lui-même à la tribune des députés demander le changement, au nom du salut de l'État et
du trône. Mais la majorité, dans la Chambre, était
déplacée, et ce changement y eût été à peu près
impossible, si un nouveau forfait, fruit du fanatisme révolutionnaire, ne fût venu frapper à mort
un des membres de la Famille royale, et précisément celui sur lequel se fondait l'espoir de l'avenir;
forfait qui très-vraisemblablement n'eût pas eu
lieu, si la conduite que tenait le Ministre, depuis
quelques années, n'avait servi à maintenir la fer-
mentation dans les esprits. L'opinion publique se
souleva de nouveau; le Ministre, auteur du fatal
système suivi jusque-là, fut enfin obligé de se retirer, et quelques députés se rapprochèrent de la
monarchie manifestement menacée.

Le projet présenté éprouvant trop de difficultés,
on lui en substitua un second. D'après celui-ci, les
colléges d'arrondissement présentaient des candidats, parmi lesquels les colléges de département
choisissaient les députés. Le principe en était fort
bon, mais il écartait les exaltés de tous les partis;
et quoiqu'en cela il fût pleinement dans l'intérêt
de la tranquillité publique, les sommités des deux
bords extrêmes, voyant que la loi pouvait tourner
contr'elles, s'y opposèrent de tous leurs moyens :
la discussion s'envenimait et se prolongeait, lorsqu'un amendement (le double vote à un quart des

électeurs), né dans le centre, ne se trouvant pas exactement sur la ligne que suivaient les deux oppositions et sur laquelle l'amour-propre des combattans était engagé, fortement appuyé par un Ministre (M. de Serres) qui jusque-là avait été étranger à la discussion, passa comme inaperçu, dans la chaleur de l'action, par celui des deux partis qu'il anéantissait. Je ne me plaindrai pas de la nature de son succès, et presque de son inconstitutionnalité, car enfin il a sauvé la royauté.

1820. Les élections faites par les nouveaux collèges des départemens redonnèrent la majorité aux royalistes. Les Ministres, qui venaient de leur rendre le dessus, voulant se concilier cette majorité, firent entrer ses chefs au Conseil du Roi. La session ne présenta d'ailleurs rien de très-important; on sentit la nécessité de soutenir le trône, ainsi que de réprimer l'esprit révolutionnaire, et l'on rétablit provisoirement la censure : quelques projets de loi furent présentés, et la majorité, par ses amendemens, y imprima le cachet de l'esprit qui l'animait. Mais ce qu'on remarqua, ce furent les attaques des sommités des deux partis contre les Ministres. Le parti de gauche ne pouvait leur pardonner de lui avoir ravi, par la nouvelle loi, l'empire qu'il tenait déjà, et qu'il était au moment d'exercer dans toute sa plénitude. Les forts, ou ceux qui se croyaient tels, dans le haut côté droit, voyant la victoire revenue vers eux, voulurent qu'elle tournât

à leur profit ; ils voulurent entrer au gouvernement ; ils reprochaient à ceux qui y étaient d'avoir
combattu contr'eux dans les sessions précédentes ;
et, en les attaquant, ils satisfaisaient leur haine
et leur ambition.

La session de 1820 terminée, les deux chefs de
la majorité de la Chambre, qu'on avait introduits
au Conseil, voulurent se retirer. Bien que leur
avis y eût habituellement prévalu, ils se méfiaient
de quelques membres qui paraissaient toujours les
regarder comme des ennemis ; ils craignirent de se
trouver en minorité durant l'absence des Chambres,
que leur parti ne les rendît responsables de ce qui
aurait pu être fait de contraire à ses vues, et de
perdre ainsi, près de lui, ce crédit qui faisait toute
leur force. Le plus influent d'eux, M. de Villèle,
n'occupait, parmi les Ministres, qu'une place trop
secondaire, et presque dérisoire ; il ne pouvait
convenablement la garder plus long-temps : on lui
en promet une autre, en l'invitant à rester ; puis
on hésite, on ajourne, et M. de Villèle part. On
semblait s'être joué de lui, et on l'avait mis dans
l'impossibilité de reparaître au Conseil. Dès-lors le
gage d'union entre le ministère et le parti royaliste
fut retiré ; et ce parti se disposa à enfoncer une
porte qu'on venait de lui fermer d'une manière
impolitique. M. de Villèle (avec lequel j'étais lié
d'amitié lorsqu'il n'était qu'homme privé) ne pouvait d'ailleurs que convenir au Roi, à M. de Riche-

lieu et à son ministère : c'était un homme sage, circonspect, modéré, sans haines ni passions politiques, très-clairvoyant, d'un esprit éminemment conciliateur, connaissant très-bien le parti qu'il avait à diriger et le terrain sur lequel il fallait manœuvrer : les doctrines démocratiques, qu'il avait professées à la tribune, pendant quelques années, étaient moins une suite de ses opinions personnelles, que de sa place à la tête de l'opposition dans un gouvernement monarchique : le célèbre Ministre de Charles I.er, qui paya ensuite de sa tête l'attachement à son Roi et à la royauté, avait aussi encouru un tel reproche.

1821. Dès que la Chambre de 1821 fut rassemblée, les royalistes manifestèrent leur mécontentement ; MM. de Villèle et Corbière furent désignés par eux pour la présidence de la Chambre : on s'y acharna contre le Ministre que l'on croyait avoir le plus influé sur leur éloignement. Les chefs du parti profitèrent de cette disposition, dans l'intérêt de leur ambition; peu scrupuleux sur les moyens, et craignant la conscience timorée du plus grand nombre de royalistes, ils allèrent s'allier avec l'extrême gauche, avec les La Fayette, les Manuel, etc. A l'aide de ce renfort, ils attaquèrent le gouvernement, et sur un point bien délicat : le mot *honneur* fut prononcé. Il s'engagea une lutte déplorable entre le Roi en personne et la Chambre, représentée par la monstrueuse alliance des roya-

listes du haut bord et des révolutionnaires les plus
décidés. Je ne dirai pas de quel côté on a le mieux
gardé la dignité et les convenances; tout le monde
le sait : je me bornerai à rappeler que, dès le premier choc, la Chambre culbuta le Roi, et porta à
son pouvoir un des plus terribles coups qu'il ait
éprouvés depuis la restauration : elle le força à
renvoyer des Ministres dont il était satisfait, qui
venaient de lui rendre, ainsi qu'à la monarchie,
le plus signalé des services, et parmi lesquels étaient
des hommes très-recommandables par leur caractère ou par leur mérite.

Note. A leur tête, je vois un des plus grands noms de notre
histoire, une des plus nobles victimes de l'émigration, homme
vertueux et d'un rare désintéressement, Ministre animé du
seul désir d'opérer le bien public, et considéré de toute l'Europe : il avait rendu d'insignes services à la France, qui, dans
sa reconnaissance, et par la voix unanime de ses députés,
venait de lui décerner une récompense nationale; et quel admirable usage avait-il fait de ce nouveau bien ! Certainement
celui qui pensait conduire les hommes avec le simple langage
de la raison, qui croyait retenir les royalistes par le seul nom
du Roi, n'était pas l'homme propre à gouverner l'État, au
milieu des passions et des partis : mais enfin il n'était à ce
poste que d'après les ordres positifs de Sa Majesté. Parmi les
Ministres congédiés, il est un de mes anciens compagnons
d'armes, dont je ne puis m'empêcher de plaindre le sort :
peut-être a-t-il été un instant égaré par l'ambition, lorsqu'il
fut appelé au ministère; mais que cette faute (et quel est
l'homme qui n'en a commis aucune?) a été rachetée par un
bien grand service, et couverte par le plus haut talent ! roya-

liste dès l'enfance, élevé sous les drapeaux du Prince de Condé, doué d'un grand courage, plein de force et d'élévation dans l'âme ; presque mourant, mais encore athlète vigoureux, il venait de porter le coup décisif au parti révolutionnaire, et de décider la victoire, en emportant la nouvelle loi sur les élections : il illustrait cette tribune d'où personne encore n'a parlé avec une telle supériorité ; improvisant avec autant de facilité que de logique et d'éloquence ; se défendant avec cette force et cette chaleur qu'on ne trouve guère que dans l'attaque. Pourquoi les prôneurs de l'aristocratie des talens nous ont-ils enlevé ce premier de nos orateurs, et l'ont-ils envoyé mourir en terre étrangère, privant sa famille des honneurs accordés à des collègues auxquels il était supérieur ? M. Roy, par sa position, par la sévérité et l'indépendance de son caractère, par son esprit d'ordre, par ses moyens éprouvés, n'était-il donc pas propre à porter de l'économie dans les finances de l'État, et à mettre obstacle à leur dilapidation ? etc.—Ces Ministres ont été écrasés par ceux qu'ils venaient de rendre forts.

Le Roi, forcé dans ses retranchemens, tint une conduite très-sage, en ne prenant pas ses nouveaux Ministres dans les rangs de ceux qui venaient de lui faire violence ; le manquement était trop direct ; et, en général, je ne pense pas que, dans notre gouvernement, l'opposition doive être le chemin du pouvoir. Y prendre les Ministres, c'est y jeter nécessairement toutes les grandes ambitions ; c'est se donner de redoutables adversaires. Il convient, je le sais, à la nature de notre gouvernement, et même à l'intérêt de la nation, qu'il y ait dans les Chambres une opposition, telle que toutes les

vérités y soient dites et répétées devant les dépositaires du pouvoir ; il faut qu'elle soit assez nombreuse pour bien éclairer la discussion ; mais pas
assez pour influer sur la délibération : car il faut,
autant que possible, de l'unité dans le gouvernement. Par la nature des choses, il y aura toujours
une opposition, et le gouvernement doit d'autant
plus chercher à l'atténuer, qu'en général l'opinion
publique sera habituellement portée en sa faveur,
par suite tant du caractère de l'homme en général,
que du caractère frondeur du Français en particulier : dans l'opposition, on verra ordinairement
et de grands talens, car c'est là où ils sont le plus
à même de briller, et des hommes personnellement
très-estimables, qui y seront jetés, soit par un
excès peu réfléchi du bien public, soit par une
philantropie mal entendue : les âmes viles ou vé-
nales n'y figureront guère. En France, l'opposition
doit naturellement être formée par les hommes de
la révolution, et par ceux dont les opinions tendent
au républicanisme : quant à l'opposition royaliste,
que les circonstances ont fait naître, et qui présente trop souvent le scandale de voir des hommes
ayant combattu ou prêts à combattre sous l'étendard
royal, tenir le langage de vrais tribuns du peuple,
elle est un des inconvéniens d'un gouvernement
trop ministériel : plus le Roi agira directement,
et moins elle sera forte.

La révolution ministérielle faite, il y eut pleine

harmonie entre le gouvernement et la majorité de la Chambre toute-puissante. Les nouveaux Ministres, qui n'étaient pas retenus par les antécédens qui liaient encore, jusqu'à un certain point, leurs prédécesseurs, abondèrent dans le système de cette majorité : toutes les forces nationales marchèrent dans le même sens, il y eut unité dans le pouvoir, et le calme se rétablit en France : la justice frappa, avec sévérité, sur les conspirateurs, et l'on ne conspira plus; l'esprit de division ne fut plus soufflé dans l'armée, et elle devint entièrement royaliste.

Ici se termine naturellement l'histoire des variations ou plutôt des pertes de l'autorité royale. Depuis, elle est restée, à quelques légères fluctuations près, dans un même état.

Résumé.   Résumant les principales de ces pertes, je dirai :

1.° L'extension donnée à l'usage des amendemens, a considérablement pris sur l'initiative royale en matière législative.

2.° Les dispositions des lois sur l'avancement dans les troupes, ont restreint les droits que le Roi avait sur son armée.

3.° La Chambre des députés, s'appropriant le droit exclusif de fixer le budget et les dépenses de l'état, a empiété considérablement sur l'autorité administrative.

4.° Cette même Chambre, par la crainte du refus des budgets, a mis en quelque sorte le Roi dans sa dépendance; elle l'a contraint au renvoi de ses Ministres, et peut l'y contraindre encore.

Je résumerai également les causes de ces pertes, en rappelant que notre loi constitutionnelle a placé le pouvoir royal sur une pente inclinée vers la Chambre des députés; que pour le retenir et l'empêcher de descendre, il fallait une action continuelle; et dès que le Roi a été voué à un rôle presque passif, et que des Ministres ont poussé au lieu de retenir, il a bien fallu que ce pouvoir descendît et tombât dans la Chambre.

Pourquoi s'en plaindre, dira-t-on? y a-t-il jamais eu en France plus de tranquillité et de liberté? Mais il y en avait aussi, durant la première partie du règne de Louis XVI; il y en avait sous l'administration douce, sage et économe du Cardinal de Fleury : mais on n'y voyait pas un système de gouvernement bien arrêté, tendant directement vers un but positif; on n'y voyait pas sur-tout cette vigueur, ce nerf qui rassure, et semble garantir que le bien-être sera soutenu. J'ajouterai encore qu'en bonne politique, et principalement sous le rapport de la stabilité, il ne suffit pas que le bien se fasse, il faut encore qu'il soit fait par qui de droit : c'est là le grand principe de la légitimité; et la Chambre, prenant l'autorité du Roi, deviendrait *usurpatrice*.

Que cette observation ne soit pas regardée comme une inculpation, même indirecte, contre la Cham-

bre actuelle : s'il y a eu usurpation ou plutôt empiétement, ce n'est pas elle qui l'a fait. Je remarquerai même que jamais Chambre n'a montré plus
de respect pour la prérogative royale; du moment
que les Ministres l'ont invoquée, et ils l'ont fait
bien plus souvent que leurs prédécesseurs, on s'est
rendu à leurs observations. Bien plus, je ne doute
pas que devant une telle Chambre, composée en
très-grande majorité d'honnêtes gens voulant le
bien public, ennemis des révolutions, attachés à la
famille des Bourbons, s'il se présentait un de nos
Rois, avec une résolution intime et manifeste de ne
pas dépasser, dans ses attributions, la limite qui leur
est tracée, mais demandant que cette limite fût
replacée au point où la constitution l'avait d'abord
établie, la Chambre n'y souscrivît bien volontiers :
elle aussi ne demande pas mieux que de voir le Roi
marcher en tête, dans un système de gouvernement
dont elle fait d'ailleurs partie essentielle.

FIN DE LA PREMIÈRE PARTIE.

SECONDE PARTIE.

CONSIDÉRATIONS SUR LES ADMINISTRATIONS LOCALES.

CHAPITRE PREMIER.

DE L'ADMINISTRATION LOCALE EN GÉNÉRAL; INSTITUTIONS; CENTRALISATION.

L'ADMINISTRATION d'une chose, en général, est le soin que l'on se donne pour sa conservation et pour en obtenir le plus grand produit ou le plus grand effet. Administra-tion.

Cette chose, un bien par exemple, sera convenablement administré, lorsqu'on le soignera de manière à l'entretenir le mieux possible, tout en en tirant le plus grand revenu; et cela avec le moins de frais, le plus de simplicité et d'ordre possibles.

Les biens, dans leurs rapports avec ceux qui les possèdent, sont divisés en deux grandes classes, les *propriétés privées* et les *propriétés publiques.* Celles-ci, d'après nos lois, sont ou *communales*, comprenant les biens à la jouissance ou au produit desquels les habitans d'une commune ont un droit acquis; ou *propriétés publiques* proprement dites, dépendances du domaine public, tels que les grandes routes, les ponts, les fortifications, et en gé- Propriétés publiques.

néral toutes les portions du territoire français qui ne sont ni propriétés privées ni propriétés communales. (*Code civil*, art. 538-542.)

L'administration de ces dernières appartient naturellement, et d'après toute jurisprudence, aux corps municipaux des communes sous la tutelle du Roi.

L'administration des propriétés publiques, d'après notre loi constitutionnelle, est dévolue au Roi, comme *Chef suprême de l'État*, auquel *seul appartient la puissance exécutive*, et qui *nomme à tous les emplois d'administration publique*. Sous le rapport de cette administration, le territoire français est divisé en 86 départemens : dans chacun d'eux, le Roi envoie et établit un commissaire, ou Préfet, qui le représente sous le rapport administratif, et près duquel se trouvent, 1.º un conseil général principalement chargé de concourir à répartir, sur les propriétés publiques qui intéressent plus particulièrement le département, les fonds publics affectés à leur entretien, et à voter des fonds supplémentaires en cas de besoin; 2.º un conseil de préfecture, pour juger les différends en matière administrative.

Les considérations relatives à chacune de ces deux sortes d'administration seront l'objet de chacun des deux chapitres suivans.

Dans celui-ci, nous allons examiner deux questions accessoires, qui leur sont communes, et sur lesquelles l'attention publique est maintenant portée. Les conseils municipaux, départementaux et autres ne devraient-ils pas aussi être des *institutions politiques* remplaçant celles qui existaient autrefois en France, et que la révolution a anéanties? A ce sujet, nous examinerons ce que sont les institutions sociales, ce qu'elles étaient autrefois chez nous, et jusqu'à quel point leur rétablissement est facile et utile. On dit encore : Puisque nous avons des administrations locales, pourquoi, au grand détriment des administrés, un si grand nombre d'affaires relatives à des intérêts purement locaux, sont-elles évoquées aux bureaux des Ministres? pourquoi une telle *centralisation* d'affaires dans la capitale? Nous jetterons aussi un coup d'œil sur cette question.

Art. i. *Institutions sociales.*

Par sa nature, l'homme est destiné à vivre en société, à se réunir avec ses semblables : originairement, il se réunit pour pourvoir à sa conservation et à ses besoins physiques; et généralement, il se réunit pour être heureux. (*Beatè et honestè vivendi, ea est enim prima causa coeundi.* Cicéron.)

La première, comme la plus naturelle de ces réunions, est entre le mari, la femme et leurs enfans : c'est la *famille.*

Là où l'homme vit principalement de la culture des terres, il est comme attaché à la glèbe, et les

Origine des institutions en général.

premières réunions de familles, seront celles de cultivateurs voisins; elles auront habité un même village, de là la *commune* rurale. Au centre d'un pays occupé par des villages, il se sera établi des villes où se seront réunis ceux qui, étant plus fortunés, ne travaillaient pas directement leurs terres, etc., et où le villageois ira vendre l'excédant de ses denrées, faire quelques achats, faire juger ses différends; de là la commune urbaine ou *cité* : son territoire, avec celui des villages qui en dépendent, aura formé un *district, diocèse*, etc. Plusieurs districts, ayant mêmes coutumes, même langage, etc., se seront réunis et mis sous une même autorité; de là, le pays, la patrie : les habitans en seront *compatriotes*, comme ceux de la même cité étaient *concitoyens*. Quelquefois enfin plusieurs de ces pays, réunis sous un même Potentat, formeront un grand royaume, un grand empire.

Dans les bourgs et dans les villes, au milieu des cultivateurs, et pour satisfaire à leurs besoins, il se sera établi des artisans, des marchands, des médecins, etc.; ceux-ci, dans l'intérêt de leurs diverses professions, se seront réunis en *corporations*. Ceux des habitans d'une ville, ou d'un pays, qui se livraient principalement à la culture des facultés intellectuelles, auraient aussi formé des réunions telles que les académies, les diverses écoles, etc. La nécessité de satisfaire les besoins religieux, aura encore établi différens rapports, et produit différentes agrégations entre les hommes.

Ces diverses *associations, corporations,* ont eu, dans l'origine, des coutumes particulières et des statuts particuliers. En se réunissant entr'elles, elles se sont fait souvent reconnaître ces coutumes et ces statuts, qui sont alors devenus des *droits* pour elles dans la société générale, et elles y ont été des *institutions sociales.*

Après avoir vu l'origine des institutions en général, jetons un coup d'œil rapide sur l'histoire de celles que la France avait il n'y a pas encore quarante ans.

Origine des institutions françaises en particulier.

Les Romains, devenus maîtres des Gaules, y avaient porté leurs lois, et introduit ou perfectionné le régime municipal; les villes et le pays, bien que sous les ordres des proconsuls, s'administraient par eux-mêmes. Au milieu de l'empire se forma et s'éleva une nouvelle société, forte, quoique toute spirituelle, le christianisme. Il était dans sa vigueur, il dominait l'esprit des peuples, lorsque, dans les 4.ᵉ et 5.ᵉ siècles de nôtre ère, des peuplades barbares, sorties des forêts de la Scandinavie et de la Germanie, formées d'hommes dont la guerre était la seule occupation, abhorrant le travail, ne cherchant que dans la rapine les moyens de satisfaire leur intempérance, regardant comme une honte d'obtenir à la sueur de leur front ce qu'ils pouvaient acquérir au prix de leur sang

(Tacite), fondirent, comme sur une riche proie, sur l'empire romain, et sur des nations énervées par les douceurs d'une vie paisible ; ils s'en rendirent maîtres. Les évêques, les pères spirituels des peuples vaincus, l'objet de leur vénération, comme leur refuge dans l'abandon de l'autorité temporelle, se portèrent au-devant des barbares, et intercédèrent pour leurs troupeaux. Le caractère dont ils étaient revêtus, leur savoir, leurs vertus, leurs mœurs pacifiques (qui les avaient d'ailleurs rendus étrangers à la résistance opposée), gagnèrent les Princes des vainqueurs : ces évêques les convertirent au christianisme ; ils devinrent leurs directeurs, leurs conseillers ; ils en reçurent des dons, des terres, et leur supériorité morale les conduisit à une supériorité réelle. Qu'on ne s'en plaigne pas : ils s'en servirent pour adoucir, sur la tête de nos pères, la domination des barbares : dans leurs conciles, ils exhortaient les Rois à gouverner avec sagesse et modération ; ils déclaraient excommuniés ceux qui, se mettant au-dessus des lois, exerceraient un pouvoir arbitraire (1).

Sous les successeurs de Charlemagne, toute lumière s'éteignit, toute autorité et tout droit furent méconnus ; les mandataires des Rois se rendirent maîtres des pays qu'ils avaient à gouverner, la barbarie prit le dessus, tout tomba dans la confu-

---

(1) *Histoire de Languedoc*, tom. 1, pag. 334.

sion; tout fut livré entièrement à l'empire de la force; elle décida de tout. Le seigneur, devenu maître d'une terre, crut aussi l'être des hommes qui la cultivaient; les rapports qu'il avait avec ses supérieurs, les barons, comtes, marquis, etc., furent à peu près tels que ceux qui existent entre les officiers de divers grades dans un corps militaire, mais où toute discipline est presque perdue. Dans le midi de la France principalement, où les lois romaines avaient plus d'autorité, le clergé plus d'influence, et où le régime municipal s'était mieux conservé, des villes, des bourgs appartenant à l'église, quelques vallées reculées, demeurèrent comme de petites républiques, plus ou moins indépendantes des seigneurs.

Dans les 11.e et 12.e siècles, lorsque les ténèbres commencent à se dissiper, que le voile se soulève, nous voyons paraître ce nouveau régime, le *régime féodal*. Le seigneur y est seul armé, il y vit de son domaine immédiat, et comme cantonné dans son manoir ou petit château fort; il ne doit d'ailleurs à son suzerain que le service personnel en cas de guerre, et quelques dons en certaines circonstances. Lorsqu'il fallait faire quelque expédition lointaine, lorsqu'il fallut se croiser et faire le voyage de la Terre-Sainte, les revenus du domaine ne furent plus suffisans : les grands seigneurs demandèrent des subventions à leurs vassaux, aux églises, aux villes de leurs petits États, etc.; ils convoquèrent des députés pour obtenir et régler ces subventions : telle a été l'origine de nos assemblées provinciales, et par la suite de nos états-généraux. Le besoin d'argent porta encore les seigneurs à vendre à des villes, à des églises une partie des droits qu'ils avaient sur elles, et ils leur délivrèrent des chartes en reconnaissance des droits achetés et des droits antérieurs. Mais comme les positions, les besoins, les hommes n'étaient pas partout les mêmes, que l'ignorance et l'état de la société en isolaient presque toutes les parties, il y eut de notables différences dans les chartes, dans les émancipations, et dans les droits reconnus.

A l'époque où le régime féodal était dans toute sa vigueur, les grands seigneurs étaient souverains dans leurs duchés, comtés, etc. ; et nos Rois n'étaient que les seigneurs des terres qu'ils possédaient comme ducs, comtes, etc. : la suzeraineté résultant du titre de Roi leur donnait bien peu de droits, et ces droits étaient presque toujours contestés par les puissans vassaux. Cependant ils étaient les plus puissans des seigneurs, et naturellement, dans ce régime de guerre, ils durent conquérir sur les seigneurs voisins ; de plus, leurs alliances avec quelques-uns de ceux-ci leur apportèrent, comme en héritage, d'autres provinces ; et par suite de ces diverses réunions, faites tantôt sans condition, tantôt avec telle ou telle condition, la France était devenue à peu près ce qu'elle était encore avant la révolution.

Elle était, en conséquence, moins un État, qu'une agglomération, sous un même Roi, de divers États ou provinces distinctes, chacune différant plus ou moins par son langage, ses coutumes, ses lois, et même par sa constitution politique, quelques-unes ayant conservé entièrement celle qu'elles avaient avant la réunion. Dans ces diverses provinces, se trouvaient encore une multitude de villes ayant leur régime municipal particulier ; ayant des *libertés, priviléges, immunités* et *franchises* différentes : tous ces divers mots, priviléges comme libertés, étaient synonymes dans la langue politique de ces temps ; en Angleterre comme en France, ils étaient employés indistinctement dans toutes les chartes ; et peut-être même les peuples tenaient-ils à ces libertés, précisément parce que c'étaient des priviléges qui les distinguaient avantageusement ou des peuples voisins, ou d'un état de choses antérieur. Outre une différence dans les droits des diverses parties du territoire, il y avait encore, dans chacune, des différences dans les droits des personnes, dans les membres du clergé, dans les seigneurs ou nobles, et dans les bourgeois : dans chaque état, ils formaient trois ordres distincts.

Cette grande diversité de droits et de législation de nos provinces et de nos villes, et par suite, cette   Leur utilité.

multitude d'*institutions politiques* différentes que présentait la France avant la révolution, et qui a tant offusqué nos petits philosophes du 18.ᵉ siècle, était cependant l'obstacle le plus réel contre le despotisme, et le plus sûr garant que chacun conserverait son droit. La multiplicité, comme la diversité des obstacles, entravait en quelque sorte le pouvoir dès qu'il voulait sortir de son action ordinaire; elle le lassait et le dégoûtait. De plus, ces droits d'un ordre inférieur, si je puis m'exprimer ainsi, ne l'offusquaient pas; leur résistance n'irritait pas l'amour - propre des grands gouvernans : Richelieu était bien fort, il avait brisé de bien fortes entraves, il voulut aussi enlever au Languedoc ses états; le parlement de Toulouse refusa d'enregistrer l'édit; dans quelques diocèses, les percepteurs royaux ne purent faire rentrer les impôts; et le Ministre, occupé d'ailleurs de plus grands objets, rendit aux choses leur cours naturel, et les états furent rétablis au bout de deux ans. Je remarquerai, à cette occasion, que sous les règnes si forts de Louis XIII et de Louis XIV, nos droits particuliers, et même la constitution de l'État, ont été plus respectés qu'au temps de la grande faiblesse du gouvernement, sous les ministères de Maupeou et de Brienne.

Leur destruction. Nos pitoyables législateurs de 1789 allèrent plus loin encore; séduits par la vaine théorie de l'uniformité, voulant renverser une barrière qui pouvait mettre obstacle à leurs projets, et croyant fonder la liberté sur des bases bien autrement solides que des droits particuliers, ils entreprirent d'anéantir ces droits. Au milieu d'une séance tenue dans la nuit du 4 août, comme dans une orgie nocturne, ils donnèrent le signal; et avec une précipitation et une irréflexion sans exemple, même dans notre nation, on détruisit l'œuvre de tant de siècles, ce que nos Rois les plus absolus avaient épargné : l'entraînement fut général; un sentiment de générosité s'en mêla; chacun, à quelque parti qu'il appartînt, voulut faire son sacrifice, voulut porter ses priviléges, ses droits et ceux de ses semblables, comme en holocauste, sur l'autel de la patrie : les états des provinces, les administrations des villes, comme les dîmes, la noblesse et les droits féodaux, tout fut aboli; *tout rentra dans le droit commun des Français*, dit la loi de suppression. Les novateurs profitèrent de la circonstance, et dans le dessein explicitement manifesté de prévenir tout retour des anciennes administrations locales, ainsi que pour effacer complètement tout esprit de localité, ils procédèrent à une nouvelle division administrative du territoire français, à la division en nos 86 départemens.

Le mal est fait, et il l'est à jamais. L'âge presqu'entier d'une génération lui a donné la sanction du temps. L'horrible tyrannie du comité du salut public, le pouvoir absolu de Bonaparte, les guerres

Mal qui en résulte.

de la république et de l'empire, mêlant et confondant tous les Français, ou faisant disparaître les coutumes et les mœurs qui les avaient distingués, ont fait qu'il n'y a presque plus en France ni Bretons ni Provençaux, mais seulement des Français. Intérêts et sentimens nationaux, gloire française, tout a été réellement mis en commun. La propagation des connaissances, celle des journaux, les habitudes de 35 ans ont encore concouru à lier, et d'un même lien, tous les Français, et la France entière n'est plus, d'une certaine manière, qu'une seule *cité*.

Le niveau ou plutôt la faulx de l'égalité est passée sur la patrie; tout y est rasé, et, comme je viens de le dire, il n'y a plus d'*institution particulière*. On a cru augmenter le patriotisme en en agissant ainsi, et on l'a diminué. Le bon et respectable Fénélon était un homme extraordinaire lorsqu'il disait : « Je préfère l'humanité à mon pays, mon pays à ma famille, ma famille à moi-même. » Le cœur humain me semble procéder dans un ordre inverse : nos affections, sortant de nous-mêmes, se portent d'abord sur notre famille, puis sur notre ville, puis et successivement, mais toujours en s'affaiblissant, sur la patrie, l'Europe, la chrétienté, le monde. Vouloir trop étendre le cercle des fortes affections, c'est les affaiblir et les annuller; c'est les faire rétrograder vers l'individu même, et faire des égoïstes.

On a voulu nous constituer pour la liberté, et, je le dis à regret, mais avec pleine conviction, on nous a constitués pour le despotisme : ce ne sera pas, si l'on veut, celui d'un seul, mais ce pourra être le despotisme parlementaire. J'ai montré comment, dans l'ancien régime, chaque institution avait, dans la nature même des choses, une garantie que son droit lui serait maintenu. Mais actuellement il n'en est plus de telles : que le Roi et les Chambres, après avoir donné un droit, veuillent le retirer l'année suivante, cela se fera et sans la moindre résistance; ainsi, tout est à la merci du gouvernement, et, en réalité, à la merci d'un Ministre ou d'un député qui aurait en main le gouvernail de l'État. Montesquieu, remarquant qu'en Angleterre tout intermédiaire entre le Monarque et le citoyen est détruit, prévoyait des circonstances où le peuple anglais pourrait devenir esclave : que sera-ce en France, où, jusqu'à la dernière institution locale, tout a été anéanti; où, comme on l'a dit, avec exagération peut-être, mais avec un fond de vérité, il n'y a plus que des individus; où toute la société est comme en poussière? En présageant des momens de despotisme, je ne dis point que la France soit continuellement affligée de ce fléau : l'empire romain, la monarchie romaine a eu son âge d'or sous les Antonins; et, je le répète, je crains peu le despotisme des Bourbons, je crains bien plus l'absence de leur autorité, le désordre et l'anarchie.

Impossibi-
lité d'en éta-
blir de pa-
reilles. Puisque toutes les institutions ont été détruites
en France, et qu'il en résulte un état de choses si
désavantageux, empressons-nous de reconstruire,
dit-on. Reconstruire les anciennes institutions!
c'est impossible; je l'ai déjà remarqué, ce n'est pas
en France que l'on remonte le courant des âges.
En établir de nouvelles? Mais, a-t-on donc oublié
que les institutions sont filles des siècles, qu'elles
naissent et ne se commandent pas? Déposons-en
le germe quelque part, finira-t-on par dire; un jour
il portera ses fruits. Hélas! la semence tomberait
sur un roc bien stérile. Au milieu de la destruction
générale, je ne vois que des élémens de réédification
négatifs. L'indifférence à cet égard est presque générale; les individus ont moins que jamais ce patriotisme, cet esprit de corps principe vivifiant de toute
institution politique : toutes ces institutions (corporations, communautés, provinces, etc.), sont de
petites républiques qui ne peuvent prospérer sans
cet amour dominant du bien public, du bien de la
chose instituée, que les publicistes regardent comme
le principe du gouvernement républicain. Au reste,
il ne faut pas que le projet des institutions à créer
soit un ouvrage bien facile, car de tant d'auteurs, et
d'auteurs de grand mérite, qui les réclament avec
tant de force, aucun n'en a même hasardé une simple
esquisse : ce n'est rien que de signaler un mal, si l'on
n'en indique le remède. (Continuer d'en agir ainsi
finirait par n'être plus que déclamation.)

1

En attendant qu'un législateur homme de génie nous ait donné ces institutions, ou plutôt que le cours des choses et des nécessités nous ait conduits à ce qui peut remplacer celles que nous avions, je dis quelques mots à ce sujet.

La constitution de la famille dépend principalement des droits du père sur ses enfans et sur ses biens. Certainement la perpétuité des familles est essentielle à l'existence d'un grand État, et le continuel partage de la propriété patrimoniale entre les enfans est un obstacle évident à cette perpétuité; il mine et finit par anéantir les notabilités des anciennes familles et des grands propriétaires fonciers, qui sont les plus importantes à la stabilité de l'État, et il leur substitue celles bien moins rassurantes de ces joueurs heureux, qui, hasardant, chaque jour, tout leur avoir et celui des autres, dans des spéculations aventureuses, se placent entre la chance d'une grande fortune et celle d'une ruine complète. Notre législation pourrait vraisemblablement faire à cet égard plus qu'elle ne fait; cependant nos mœurs ne lui permettront pas d'aller aussi loin qu'autrefois; elles ne lui permettront pas de faire, pour la constitution et la durée de la famille, ce que les lois avaient fait à Rome, où, en établissant le père comme un magistrat presque absolu dans sa maison, elles avaient tant contribué au maintien de la vertu et de la république romaines.

Considérations sur les institutions.

Les corporations dans les métiers et dans les

13.

professions ne sont pas davantage dans nos mœurs;
elles sont contraires à l'esprit de liberté qui règne
dans le siècle, et elles ne me paraissent point être
dans l'intérêt de l'industrie : dans le fait, elles doivent
être bien peu utiles, puisque depuis 25 ans que la
tourmente révolutionnaire a cessé, que les esprits
se sont aussi reportés vers ce qui était autrefois,
nulle part on n'a vu même de tentative vers leur
rétablissement. Les chambres de commerce représentent jusqu'à un certain point la corporation des
négocians : l'acte additionnel des cent jours essaya
de la constituer politiquement, en lui donnant le
droit d'envoyer directement des députés à la Chambre des représentans : le motif qui porta le gouvernement de cette époque à cette disposition,
n'engagera vraisemblablement pas ceux qui dominent dans notre corps législatif, les grands propriétaires, à revendiquer une telle institution.

De toutes celles que l'on a réclamées, aucune ne
l'a été à plus grands cris et avec plus d'acharnement, par toutes les oppositions au gouvernement
depuis la restauration, que celle des administrations communales et départementales. *Liberté et
affranchissement des communes,* étaient aussi ins-
crits sur les étendards des royalistes opposans depuis 1815 jusqu'en 1820. « Imprudens, aurait-on
pu leur dire, vous ne savez ce que vous demandez ;
vous n'en prévoyez pas plus l'effet, qu'en 1788 les
parlemens et la noblesse ne prévoyaient quelle

serait l'issue de ces états-généraux dont ils réclamèrent la convocation : si vos demandes eussent été exaucées alors (1816-1820), c'en était fait de toutes vos prétentions, de la cause même que vous sembliez défendre, et la France était couverte de *jacobinières.* » A la fin de cette époque, M. de Montlosier disait très-justement, avec ce style original et pittoresque qui le caractérise : « Qui n'a
» entendu parler de la nécessité de récomposer au
» plutôt et au plus vîte les municipalités et les
» conseils généraux de département? Qui n'a en-
» tendu dire que le salut de la France était là ? Eh
» bien, on n'a qu'à se livrer à ce plan, et on peut
» être sûr que la démocratie qui couvre aujour-
» d'hui toute la France prendra un corps mons-
» trueux. Messieurs les hommes d'état, la révolu-
» tion est en plein air, donnez-lui des palais ; elle
» est ouverte et démantelée, rebâtissez ses cita-
» delles..... J'espère que le gouvernement ne se
» laissera pas prendre à ce piége, et que ce n'est
» pas par un point manifestement offensif qu'il
» procédera à son œuvre de recomposition. » — Au reste, il y a aujourd'hui moins de démocratie dans le corps législatif, et par conséquent moins à craindre sous le rapport de ce qui pourrait être fait pour les municipalités ; et j'indiquerai, dans le chapitre suivant, un mode qui me paraît pouvoir les constituer convenablement comme corps administratif : car d'ailleurs, comme institution po-

litique, comme rouage essentiel dans la machine
du gouvernement de l'État, je n'en vois nullement
l'utilité ni même la possibilité, pas plus pour les
municipalités que pour les départemens, les corporations, etc.

Plusieurs
de ces insti-
tutions se-
raient sans
utilité.

Toutes ces institutions étaient éminemment utiles autrefois, parce que tous les pouvoirs étaient
entre les mains du Roi, et qu'il est de l'essence
d'une monarchie tempérée qu'il y ait quelque part
des résistances au pouvoir. Mais, dans notre état
actuel, rien ne saurait résister au gouvernement, le
Roi avec les Chambres. Les résistances au pouvoir
royal ont été portées dans les Chambres, et elles y
sont bien assez fortes : la Chambre qui, par la seule
crainte qu'elle inspirait, a forcé le Roi à renvoyer
ses Ministres, possède certainement des moyens de
résistance.

Les institutions, dit-on, sont le soutien naturel
des trônes; seuls et isolés au milieu de la société,
ils y sont sans appui, et peuvent être renversés par
la moindre agitation? Sans doute, dans un État où
le pays est comme couvert d'institutions, objet des
habitudes et des respects du peuple, tout repose
sur une base naturelle, et le trône aussi s'y soutient
naturellement, sans avoir besoin d'un effort et
d'une action continuelle. Mais cet état de choses si
désirable nous ne l'avons plus, et nous ne pouvons
plus l'avoir de quelques siècles. Il ne faut pas d'ailleurs s'exagérer le bon effet des institutions poli-

tiques ; la plus forte de celles que nous avions en France, le parlement, a-t-il bien soutenu le trône de Louis XVI en 1788 ; les états de Languedoc ont-ils même pu lui prêter du secours en 1789 ? Quelles résistances toutes nos cités, nos provinces, nos corporations ont-elles opposées à la révolution ? C'est dans le cœur et dans l'opinion des Espagnols individuellement, plutôt que dans les institutions du pays, que le trône des Rois d'Espagne a trouvé son appui ; et cet appui a été fort.

J'entends continuellement dire que si la France eût eu des institutions en 1815, jamais Bonaparte ne l'aurait traversée pour venir se saisir du sceptre de Louis XVIII ; et à ce sujet on s'écrie : Quel abominable gouvernement que celui où il suffit de s'emparer du château des Tuileries pour être maître de la France ! Louis XVIII, à sa rentrée, eût-il rétabli toutes les institutions de 1789, il n'en eût pas été autrement. Que pouvaient contre une armée formidable, contre des soldats forcenés, de timides bourgeois et propriétaires craignant de se compromettre, et voulant en conséquence voir venir les événemens : dix mille Russes placés en Provence eussent été plus funestes à Bonaparte que l'animadversion de tous les bons Français. Il s'agit d'ailleurs ici d'un événement tout extraordinaire, qui ne peut même plus avoir d'analogue. — Quant à la forme de gouvernement ou d'administration que Louis XVIII a trouvée, je le félicite de l'avoir eue; elle a rendu la restauration plus facile; dès les premiers jours, elle a donné aux Bourbons les moyens de gouverner, de pourvoir à mille dépenses urgentes, et de se concilier ainsi l'affection du peuple : c'est cette forme qui leur rend encore aujourd'hui le gouvernement si facile, proportionnellement au peu d'action employée. Chaque chose a ses avantages comme ses inconvéniens. Qu'on jette les yeux sur un royaume voisin, où il y a aussi eu une restauration; le mal qui le tourmente, en partie suite de tout dénuement, ne vient-il pas aussi de ce que toute administration est dissoute dans ce pays?

Au reste, on ne peut pas dire que nous soyons aujourd'hui sans institutions. Tout a été détruit, il est vrai; mais la Charte y a suppléé pour l'objet majeur : la Chambre des pairs, la Chambre des députés, les colléges électoraux, ne sont - ce pas des institutions politiques, et des institutions bien fortes, au moins les deux dernières? Je crains que ceux qui rappellent continuellement celles que nous avions, qui demandent leur rétablissement, ne se méprennent sur notre situation politique : la place est occupée, et il ne faudrait pas mettre un état dans un autre état.

Je cherche vainement comment on pourrait établir et coordonner toutes les institutions dont on parle, de manière à les lier les unes aux autres, et de manière à ce qu'elles se soutinssent mutuellement, et soutinssent le système social actuel. Le chef de chaque *famille* fera-t-il partie d'une *corporation?* Les corporations nommeront-elles les *corps municipaux;* ceux-ci nommeront-ils les assemblées *provinciales;* celles-ci enfin éliront-elles les députés au *corps législatif?* Mais la Charte veut qu'on paye 300 francs d'imposition, pour concourir à la nomination d'un député; mais la Chambre des députés est aussi-bien soutenue par les cent mille électeurs qu'elle le serait par tout cet échafaudage; elle repose déjà, ce me semble, sur une assez large base. — Dans toutes ces combinaisons où sera donc le soutien de la grande institution, du trône? J'espère qu'on ne me répondra pas, que, placé au sommet de l'échafaudage, il reposera sur la Chambre des députés, c'est-à-dire, sur un pouvoir rival et qui tend à l'absorber. — Je sens que le trône a pu être soutenu, et par le clergé qui lui prêtait sa très-grande influence morale (et l'Espagne montre combien encore elle peut être grande), et par la noblesse, qui lui prêtait le secours de ses armes, sur-tout lorsque seule elle était armée ou conduisait les hommes armés. Mais, dans l'état actuel de notre société, le trône, en France, ne peut avoir pour appui moral que l'affection des Français, et le sentiment du besoin qu'on a de lui; et, pour appui physique, il aura les armées que la Charte met à sa disposition, les administrateurs, ses manda-

taires, qui lui doivent entière obéissance, les magistrats, qui lui ont fait serment de fidélité, etc. ;
et c'est au Roi, dans ses lumières et son propre
courage, à tirer parti de tels moyens.

Institutions aristocratiques; noblesse. *Note.* J'ai eu principalement à traiter, dans cet article, des institutions qui concernent l'ordre administratif; mais il est, en outre, deux grandes institutions politiques d'ordre majeur, le clergé et la noblesse, qui tiennent au classement des personnes, qui ont joué le plus grand rôle dans les monarchies européennes, et qui en ont été réellement le soutien. Encore, en 1789, dans leur décadence, elles ont cherché à défendre le trône des Bourbons, et elles l'eussent défendu avec plus d'efficacité, si un ennemi adroit et heureux n'eût commencé par se rendre maître du terrain sur lequel elles avaient à agir. Mais peut-on même penser à leur rétablissement?

Je ne dirai rien au sujet du clergé, objet compliqué et au-dessus de ma sphère.

Quant à la noblesse, je ne vois absolument aucun moyen de la reconstituer de manière à lui rendre une influence utile. Lorsque seule elle avait des armes et savait les manier, alors que tout chevalier était soldat (*miles*), et qu'il n'y avait de soldats que les chevaliers, elle était non-seulement un ordre, une caste dans l'État, mais encore elle y était une puissance, puissance physique et incontestable : mais maintenant, ses membres ne peuvent former que la plus petite partie même des officiers de nos troupes, et les autres y seront exactement sur la même ligne qu'eux. Lorsqu'avant la révolution nos grands seigneurs nommaient dans leurs terres, en tout ou en partie, les juges, les maires et même les curés; que les gentilshommes se rangeaient à leur suite; que tous les propriétaires en ressortaient par des rentes et des droits à payer; que leur château, s'élevant au-dessus des autres habitations, présentait un signe sensible de leur supériorité; que dans les temples une

place éminente et des honneurs particuliers fixaient sur eux
les regards comme le respect de la multitude ; qu'une grande
fortune enfin les mettait à même de soutenir ce rang élevé ;
alors, dis-je, ils avaient ou pouvaient avoir un grand entou-
rage et exercer une influence : mais aujourd'hui, rien, rien
de tout cela n'existe plus, et ne peut plus exister à l'avenir.
Que ces grands seigneurs retournent dans leurs terres, ils n'y
verront plus que les ruines de leur ancienne suprématie, et
une population qui ne les connaît plus, qui les examine avec
étonnement, et du milieu de laquelle quelques individus même
les voient avec méfiance : ceux qui veulent rester au milieu de
cette population cherchent le plus souvent à lui faire oublier
qu'ils en ont été les seigneurs. Il faut voir les choses dans leur
exacte réalité. La révolution française a lancé la masse de la
nation contre la noblesse, comme institution aristocratique ;
son premier et son grand cri de ralliement a été, *à bas les
aristocrates :* en le proférant, cette masse s'est emparée de
toutes les propriétés aristocratiques (rentes, droits seigneu-
riaux) de la noblesse, elle a détruit ses châteaux, persécuté
ses membres. Bonaparte, se saisissant de l'autorité, devenu
seul moteur en France, a suspendu un instant ce mouvement
d'irritation : l'instinct de la conservation de son trône l'a porté
à s'entourer d'une noblesse, et il en a créé une ; par cela
seul, l'ancienne a été remise en valeur : le Monarque a voulu
l'approcher de sa personne et l'attacher à son administration ;
presque partout, même les places de maire, ont été données
ou offertes à d'anciens nobles, et même aux anciens seigneurs
du lieu : la nouvelle noblesse, voulant se hanter sur l'ancienne, a recherché avec empressement ses alliances : encore
alors un gentilhomme a pu rechercher et reproduire sa gé-
néalogie ; elle était un titre de recommandation. Mais depuis,
le mouvement est revenu en partie à la masse, et bien que
ralenti, il n'en est pas moins contraire à la noblesse : l'esprit
public ne lui est pas favorable ; un orateur, placé à la tribune

de la Chambre des députés, sans craindre un mouvement de
défaveur de la part de son auditoire, et bien que la Charte
autorise la reprise des anciens titres de noblesse, se hasarde-
rait-il seulement à prononcer le mot de *gentilhomme?* et cependant c'est le terme technique pour désigner un noble d'ex-
traction, c'est même le terme employé généralement dans la
conversation. Dans un tel état de choses, tout projet de rendre
des droits politiques à la noblesse ne peut qu'être ajourné in-
définiment.

Cependant, le publiciste aussi distingué par son caractère
personnel que par ses connaissances et son esprit, M. le comte
de Montlosier, qui défend si fortement ce projet, a pleinement raison lorsqu'il dit qu'un corps de noblesse, à peu près
tel qu'il existait chez nous avant la révolution, est la seule
aristocratie positive, la seule qu'on puisse admettre comme
ressort dans un gouvernement monarchique : toute autre institution, à laquelle on donnerait le nom d'aristocratie, n'en
aurait nullement l'effet.

Et quelle serait cette aristocratie? Celle des richesses. Le
publiciste que je viens de citer ne manquerait pas de remarquer que l'esprit de lucre n'a jamais été un principe des gouvernemens monarchiques. Nos *éligibles*, par exemple, les
Français payant plus de mille francs d'impositions seraient-
ils nos aristocrates? La Chambre des députés serait alors notre
grande institution aristocratique? Idée ridicule. La fortune,
en distinguant avantageusement une personne, en fait un notable mais non un aristocrate : on est notable par ses qualités
personnelles, on est aristocrate par sa naissance dans un ordre
privilégié. Les riches, les chefs des plébéiens ne sont pas des
patriciens. A Rome, un affranchi devenu riche, par cela seul
aurait été patricien; et les enfans de Paul-Émile, se partageant le modeste héritage de leur père, n'auraient plus été
que des plébéiens? La famille des Jules eût été moitié dans un
ordre, moitié dans un autre? De pareilles idées ne peuvent

venir que dans la tête des politiques modernes. Sur de telles
bases, Rome, qui s'honorait de la pauvreté de Fabricius,
n'eût pas été cette république si célèbre, et son sénat n'eût
pas paru une assemblée de dieux aux ambassadeurs de Pyr-
rhus.

En définitive, dans notre constitution actuelle, notre seule
aristocratie, celle que la nation a acceptée, est la Chambre
des pairs. C'est elle qu'il faut s'attacher à constituer fortement, si l'on veut qu'il y ait en France une aristocratie
réelle, qui puisse servir de rempart et de soutien au trône,
ainsi qu'à notre ordre social. Il faut, par-dessus tout, qu'elle
soit indépendante, libre et assurée dans son existence politique; et elle ne l'est nullement : un ministère peut, avec une
extrême facilité, à l'aide d'une simple ordonnance (que mille
ambitions particulières seront d'ailleurs toujours ardentes à
solliciter), se mettre au-dessus de toutes ses volontés, et lui
ôter toute considération. Notre Chambre des pairs se forme
sous l'influence du ministère, et le ministère se forme sous
celle de la Chambre des députés : ce sont deux faits incontestables et d'expérience assez récente : c'est donc notre démocratie qui domine et qui établit notre aristocratie. Il en est tout
autrement en Angleterre, où, comme l'on sait, la Chambre
des communes est formée sous l'influence des pairs : aussi, le
gouvernement y est aristocratique; et chez nous, il ne peut
être que démocratique, tant qu'il ne sera pas royal en toute
réalité. C'est incontestable, en France, le Roi seul peut prévenir le débordement de la démocratie; et par suite, lui seul
est le principe conservateur, le lien de la société actuelle : si
ce lien est faible ou relâché outre mesure, nous ne pouvons
nous attendre qu'au désordre et à la violation de tout droit.
Comment donc ne tiendrais-je pas au pouvoir royal, et à ce
qu'il soit fort, moi, à qui tout désordre répugne, moi, que
toute injustice révolte?

Art. ii. *De la Centralisation.*

Sa cause. Avant 1789, ainsi que nous l'avons vu, quelques-
unes de nos provinces s'administraient elles-mêmes;
le clergé, l'ordre judiciaire, l'instruction publique,
les établissemens de charité, etc., étaient dans le
même cas; ils avaient aussi leurs biens particuliers,
et ils ne réclamaient ni fonds ni soins du gouvernement général : de là divers centres auxquels
ressortaient une foule d'intérêts publics et privés;
en conséquence, et par habitude, on quittait peu
sa ville et sa province. Mais aujourd'hui, il en est
tout autrement : je l'ai dit, la France n'est plus
que comme une grande cité, et naturellement
toutes les affaires y ont été portées au centre, près
du grand administrateur. Ajoutons encore que les
besoins sont devenus plus grands, qu'ils sont, pour
une très-grande partie des Français, au-dessus de
leurs propres moyens, que les ambitions sont plus
actives, que l'intrigue a pris une bien autre extension, qu'on se meut avec une extrême facilité, que
les revenus de l'État ont presque doublé, qu'ils
fournissent aux moyens de subsistance d'un bien
plus grand nombre d'individus : faut-il en conséquence s'étonner de cette affluence des solliciteurs
près les grands dispensateurs des emplois et des
deniers publics ?

Bonaparte, voulant tout attirer à lui, tout maî-
triser, avait accru cette centralisation d'affaires et

d'intérêts. La charge était au‑dessus des moyens d'un homme; et, malgré la force de sa volonté, les budgets des villes, les affaires particulières languissaient des années entières à Paris. Ce qu'il n'a pu faire, un autre ne le fera pas davantage; et, si l'on veut que les services publics se fassent, il faut bien décharger le Roi des choses presque indifférentes au pouvoir royal, et renvoyer aux administrations locales ce qui est d'un intérêt purement local.

Pourquoi faire intervenir le Roi dans les nominations d'avoués, de notaires, d'agens de change, etc. ? ces nominations pourraient être déléguées, ou mieux il pourrait être établi des règles d'après lesquelles ces places seraient données. Je m'afflige, pour la majesté royale, de voir la signature du Roi sur des brevets d'invention, dont les neuf dixièmes ne sont que des niaiseries ou des œuvres de charlatanisme, et quelquefois même des piéges destinés à être tendus à la bonne foi : ces brevets seraient plus convenablement délivrés par un Ministre, ou même par un directeur général, sur le rapport d'un comité des arts.

Pourrait être diminuée.

Le Préfet est l'homme du Roi dans les départemens; il y est chargé pour lui de l'administration publique, de la tutelle des communes, etc. Tout ce qui est relatif à cette administration et à cette tutelle, sauf appel et un petit nombre de cas particuliers, pourrait lui être laissé. Des instructions sur la manière dont il doit remplir ses fonctions lui seraient données; il rendrait compte de ses actes, et le gouvernement jugerait de la manière dont ses intentions auraient été remplies : il révoquerait ceux qui ne s'y seraient pas conformés. La négligence des bureaux, dans l'examen de la conduite du Préfet, resterait comme un secret d'administration entre le Préfet et le Ministre, et elle ne scandaliserait plus les administrés, auxquels on entend quelquefois dire : J'ai une affaire à Paris depuis deux et trois ans; si je n'y vais, elle n'en reviendra jamais.

Je suis en outre persuadé qu'une bonne organisation des bureaux ministériels, une plus grande vigilance de leurs chefs, et spécialement des secrétaires généraux, pourrait conduire à une plus prompte expédition des affaires. J'ai vu une préfecture, où, à la fin de chaque semaine, il était remis au Préfet une note des objets non expédiés, et des motifs de la non expédition : rien n'était alors réellement oublié. Un ministère a bien plus d'affaires qu'une préfecture, mais aussi il a bien plus de moyens; il pourrait avoir un bureau *d'ordre* chargé de suivre les affaires depuis leur entrée jusqu'à leur sortie du ministère. — Ne pourrait-il pas aussi être établi, par une ordonnance royale, des délais après lesquels toute demande faite par une autorité locale serait censée octroyée ? Les avantages d'une telle mesure n'en surpasseraient-ils pas les inconvéniens ?

Au reste, laissant la forme et revenant au fond, je dois dire que l'ordonnance du 8 août 1821 a fait disparaître la presque totalité des mauvais effets de la centralisation, pour les administrations des intérêts vraiment locaux, les communes. Elles peuvent, sous la simple autorisation du Préfet, disposer de tous leurs revenus ordinaires, arrêter le plan de toute construction au-dessous de vingt mille francs, et le faire exécuter; les budgets au-dessus de cent mille francs sont seuls soumis à l'approbation royale. On désirerait encore qu'il pût être donné aux Préfets le droit d'approuver des impositions extraordinaires pour certains cas; mais il convient d'examiner encore, et sous ses diverses faces, un objet si délicat.

En finissant, j'observerai que nous devons nous attendre toujours à une grande centralisation des affaires dans la capitale : outre les raisons naturelles que j'en ai données au commencement de cet article, je dirai encore qu'elle est favorisée par la forme de notre gouvernement, qui concentre à Paris l'action des grands pouvoirs de l'État. C'est aussi auprès des Chambres, c'est auprès des députations des divers départemens que les solliciteurs iront agir; les députations d'elles-mêmes, et les députés, feront aussi des demandes dans l'intérêt de leurs pays : les Ministres, soit qu'ils veuillent être éclairés par ceux qui sont en possession officielle de la confiance des localités, avant

En très-grande partie réduite pour les communes.

14

de prononcer sur un intérêt local, soit qu'ils veuillent se les rendre favorables dans les Chambres, ne peuvent manquer d'avoir un grand égard à leurs observations et à leurs demandes, sur-tout durant les sessions législatives.

—

CHAPITRE II.

DE L'ADMINISTRATION COMMUNALE.

Les communes, avons-nous vu, sont les premières Des com-
des agrégations de citoyens, les premières des ins- munes.
titutions sociales; aussi a-t-on dit qu'elles étaient
plus anciennes que les monarchies.

Que leur formation ait été un effet du hasard, ou
de quelque circonstance particulière, il n'en est
pas moins vrai que telles qu'elles existent, ce sont
les *unités* dont l'ensemble compose nos états sociaux.
Elles existent par elles-mêmes, par la nature des
choses, et indépendamment de toute action comme
de la volonté des gouvernemens : pour la commune
rurale, ce sera le village, l'église, le cimetière,
etc., qui la constitueront; pour la commune urbaine, ce sera l'enceinte des murs, l'agglomération
des habitations : Bordeaux sera toujours le même,
quels que soient l'étendue et le chef du pays; les
habitans seront toujours des Bordelais, ayant les
mêmes intérêts et le même esprit de cité. Aussi,
nos communes existent-elles aujourd'hui, à très-
peu près, comme elles existaient avant la réunion
des provinces à la couronne de France, avant la
révolution et durant toutes ses phases. Essayer de
changer leurs limites, de les fondre les unes dans

14.

les autres, ce serait une vraie œuvre de despotisme, laquelle, parmi bien d'autres difficultés, éprouverait une grande résistance morale de la part des habitans. (Sur ma proposition, et par un motif d'intérêt public, on a donné pour Maire, à une petite commune de 50 feux, le Maire d'une grande commune voisine, homme jouissant personnellement d'une très-grande considération; la petite commune conservait encore son adjoint, son conseil municipal, etc.; n'importe, elle a réclamé et remué jusqu'à ce qu'elle ait eu un Maire pris parmi les habitans du village.)

La révolution a bien changé la forme de l'administration communale, mais la commune est restée dans son entier; et je me félicite de ce que le fond de la première et de la plus précieuse des institutions subsiste encore. Il n'y aura qu'à laisser l'administration, qui doit gérer ses intérêts particuliers, réprendre son organisation naturelle, empêcher qu'elle ne choque notre système de gouvernement, et la reconnaître légalement.

Dans l'examen de cette administration, nous avons deux objets à considérer, 1.º l'objet à administrer, c'est-à-dire, les biens et les revenus de la commune; 2.º le mode d'administration.

ART. 1. *Des Biens et des Revenus des Communes.*

Les biens que les communes possèdent sont ou des biens ruraux ordinaires, terres labourables,

bois, prairies, pâturages, ou des droits d'usage
sur des forêts royales, etc., ou des édifices, tels
qu'églises, hôtels de ville, écoles, et même maisons
à loyer.

Les revenus des communes consisteront :

1.° Dans le produit de ces biens (le prix de leur
bail) ;

2.° Dans le produit des locations des places publiques pour marchés, foires, etc. ;

3.° Dans un impôt direct ou indirect levé sur
les habitans, pour achever de subvenir aux besoins
de la commune.

L'impôt direct (centimes additionnels sur la contribution foncière des biens sis dans la commune),
quoiqu'un véritable impôt établi par suite d'une
décision du corps législatif, qui seul en France a
le droit d'imposer, n'est réellement qu'une cotisation des habitans à l'effet de pourvoir aux besoins
communs ; d'autant plus qu'indépendamment des
membres du conseil municipal, les plus imposés
de la commune, et en nombre égal, établissent
la quotité de la contribution. ˙ L'impôt indirect
(droit d'octroi ou d'entrée sur les objets qui se
consomment dans la ville), n'est encore qu'une
telle cotisation ; elle ne porte que sur ceux qui
habitent réellement la cité, et pour ses dépenses intérieures. La spécialité du fonds est parfaite.

Affectation exclusive des revenus aux besoins de la commune.

Il ne doit être disposé des biens et des revenus de la commune que dans son intérêt seul et direct, pour ses dépenses spéciales. Quoique cette affectation soit toute naturelle, je crois cependant qu'elle doit être explicitement rappelée par la loi à intervenir. N'avons-nous pas vu une époque où l'on disait aux communes que, faisant partie du grand empire, elles devaient aussi contribuer à sa défense, et on leur demandait impérieusement le pain pour la soupe des soldats, etc.? N'adresse-t-on pas quelquefois aux villes des propositions de souscription, en leur disant qu'elles doivent aussi concourir aux progrès des arts en France? Dans un sentiment bien honorable certainement, elles ont accédé à la proposition qui leur a été faite d'acquérir le palais de Chambord, et de l'offrir au jeune prince destiné un jour à nous régir. Des personnes pénétrées de religion, pensant que le meilleur usage que l'on peut faire des biens de ce monde est de les employer à acquérir ceux de l'autre, ne proposent-elles pas aux villes de concourir à des fondations pieuses? Mais les habitans des communes ne contribuent-ils pas aux besoins généraux de l'État et de la société? Mais les œuvres pies ne sont méritoires qu'à ceux qui les font de leurs propres moyens. Les conseils municipaux ne sauraient detourner de leur destination les fonds que leurs concitoyens ont fait pour les dépenses de la cité; il ne leur est pas permis de faire des générosités, ni même de bonnes œuvres avec les deniers d'autrui.

Art. ii. *De l'Administration des Biens communaux.*

En principe, les communes disposent de leurs biens, sous la tutelle du Roi. Dans cette disposition, elles sont représentées par un corps municipal, lequel est composé d'un conseil qui, au nom de la commune, propose ce qu'il croit être dans ses intérêts, et d'un Maire chargé de l'exécution des propositions approuvées.

1. *Du Conseil municipal.*

Le conseil municipal agissant au nom de la commune, et dans ses seuls intérêts, me paraît devoir émaner directement d'elle.

Malgré tout mon royalisme, et bien que nommé à un conseil municipal par le Roi, je ne puis penser que, dans l'état ordinaire et régulier des choses, le Roi ait à nommer les membres des conseils municipaux. Il les nommerait, et puis, comme tuteur, il prononcerait sur leurs propositions? Il me semble que puisqu'il doit prononcer, il ne doit pas nommer les proposans, et qu'il n'a même aucun intérêt direct ou indirect à les nommer : je reviendrai plus bas sur cet objet.

Nomination des conseillers.

Faudra-t-il donc revenir à ces élections populaires qui donnaient, il y a trente ans, de si médiocres résultats, qui composaient si médiocrement toutes nos administrations locales ? Faudra-t-il, pour l'élection d'un conseiller de la commune, en remuer toute la population, et suivre un système tel que, le cas échéant, les membres des conseils municipaux, émanant directement de toute la population, puissent dire : C'est nous qui sommes les vrais élus du peuple, qui sommes ses représentans, et nous agissons en conséquence ? Je suis bien loin de telles idées. Dans celle que j'ai, le conseil se renouvellerait par tiers au plus chaque deux ans. Dans tous les corps administratifs, les renouvellemens partiels, et par petites portions, sont les seuls convenables : alors le corps est réellement permanent ; ce n'est pas un conseil qui succède à un autre, et qui prend à tâche de faire différemment (ce qui n'arrive que trop souvent); c'est toujours le même corps, agissant d'après le même esprit, les mêmes principes, lié par les mêmes antécédens, etc.

D'après ma manière de voir, et en se conformant à ce qui se faisait autrefois dans un très-grand nombre de nos villes, le conseil concourrait à se renouveler par lui-même, et désignerait des candidats parmi lesquels un corps de notables choisirait les remplaçans. Les membres sortans seraient de droit candidats ; il n'y aurait aucun inconvénient à ce qu'ils fussent réélus.

Le collége électoral des notables, dans les com-

munes rurales, serait présidé par le Juge de paix
du canton, et composé principalement des contribuables les plus imposés, du Chef de la fabrique,
des Chevaliers de Saint Louis et de la Légion d'honneur, résidans dans la commune, etc. Pour les
villes, le corps électoral serait composé d'une manière analogue à celle que je vais indiquer pour
Toulouse : — Le premier Président de la Cour
royale; il présiderait le corps; — le doyen des
Présidens et le doyen des Conseillers de la même
Cour; — le Procureur général; — le Président du
tribunal de première instance; — l'Archevêque;
— les deux plus anciens Curés de la ville; — le
Président et le doyen des Administrateurs des hos-
pices; — les deux plus anciens Juges de paix; —
les cinq habitans les plus imposés à la contribution
foncière; — les Présidens du tribunal et de la
chambre de commerce; — les deux doyens de
cette chambre; — le Bâtonnier et les deux plus
anciens membres du conseil de discipline des
Avocats; — le Président de la chambre des Avoués;
— les deux doyens des Notaires ; — le Président
de la société de médecine et les deux plus anciens
membres de cette société; — le Président de l'académie des sciences ; — le Président de l'académie
des jeux floraux : en tout 32. Pour être membre
de ce collége, comme pour être membre du conseil
municipal, il faudrait être né à Toulouse, ou y
avoir son domicile, au moins depuis dix ans sans

interruption. — Le conseil devrait être, autant
que possible, composé de personnes prises dans
les diverses classes que je viens d'indiquer. On ob-
tiendrait assez naturellement qu'il en fût ainsi, en
donnant la présentation des candidats, non au
conseil, mais à chacun des conseillers; naturellement, ils choisiraient parmi les personnes de leur
profession; et c'est entre les deux candidats de
chacun que le collége déciderait.

Quant aux attributions du conseil, elles seraient
aussi simples que précises : toute initiative, en ce
qui concerne l'administration, la jouissance et la
défense des biens de la commune; en ce qui concerne l'établissement et l'emploi des revenus, ainsi
que leur application à la sûreté et à la commodité
des habitans, à la salubrité et à l'embellissement
de la ville.

Je ne crois pas que, dans l'intérêt de la commune, on puisse désirer davantage. Que peut
désirer un citoyen? de disposer pleinement de sa
personne et de sa propriété. Pour la commune, il
n'y a point de personne. Ses habitans ne sont même
qu'usufruitiers. Que peuvent-ils donc désirer?
disposer du revenu de la propriété communale.
Or, lorsque par un conseil indépendant, élu par
les notables, la commune en dispose, que toute
initiative émane de son conseil, que le tuteur ne
fait aucun changement à ses propositions que
dans l'intérêt communal, et encore après avoir

entendu ce conseil, il me semble qu'on a fait tout
ce qu'il était possible de faire dans son intérêt particulier.

Mais elle voudrait encore, dirait-on, agir dans
l'intérêt général du royaume. D'abord, je doute
que jamais commune ait émis un pareil vœu. Pourquoi l'émettrait-elle ? dans l'intérêt de ses habitans.
Mais ceux-ci ne sont-ils pas aussi Français, et ne
jouissent-ils pas, comme tels, de tous les droits
politiques reconnus par la Charte ; ne nomment-
ils pas les députés, s'ils payent le cens convenable ?
Ne peuvent-ils pas présenter des pétitions aux
Chambres ? Ne peuvent-ils pas même publier leurs
observations et leurs critiques sur les actes du gouvernement, sur ceux relatifs à l'administration de
leur ville ? Cependant, bien qu'aucune commune
ne demande, et n'ait le moindre intérêt à s'immiscer dans les discussions politiques ; toutefois,
et pour prévenir le cas où quelque ambition particulière ou de parti, se plaçant derrière une d'elles,
la pousserait en avant, je crois que le législateur
doit s'expliquer formellement à cet égard, et in-
terdire aux conseils municipaux toute discussion
étrangère à l'administration des biens de la commune et toute adresse même au Roi. — De telles
adresses ne feront aucun bien et peuvent faire
beaucoup de mal : comme moyen de gouvernement, il est usé et avili ; comme expression de
l'opinion publique, les adresses sont encore super-

flues : cette opinion retentit bien assez à la tribune des Chambres législatives. Il est survenu quelques circonstances où les Français, ne pouvant plus contenir un sentiment qui les oppressait (lors de l'assassinat du duc de Berri, par exemple), en ont porté l'expression au pied du trône; et, les communes aussi, passant par-dessus ce qui ne leur semblait qu'une simple étiquette, ont fait des adresses. Mais ce qu'une circonstance extraordinaire peut justifier, ne le serait pas dans une autre. Des adresses pourraient avoir de grands inconvéniens pour la couronne : par exemple, qu'une Chambre des députés ait acquis une grande popularité par sa résistance au pouvoir, comme en réduisant outre mesure l'impôt à payer, le peuple sera naturellement enclin à être de son avis : que les communes fassent des adresses dans ce sens, que ces adresses soient non-seulement envoyées au Roi, mais encore imprimées de suite dans les journaux, ainsi que cela se fait, ne semblerait-on pas vouloir forcer la main au Roi, quelquefois même ne la lui forcerait-on pas même réellement, dans ce qu'il croirait contraire au bien de l'État? Si l'usage prévalait, l'esprit de parti s'en mêlerait infailliblement; l'un ferait voter les communes de la Provence dans un sens, et l'autre celles du Dauphiné dans un sens opposé : dans quelques localités, les conseils municipaux pourraient devenir de vrais clubs.

Les membres de ces conseils une fois nommés,

resteraient en place jusqu'à l'époque de leur renouvellement. Il ne peut y avoir ici cause de destitution : quel que soit l'avis d'un de ces membres sur
l'emploi des revenus de la commune, il n'en peut
résulter de préjudice pour le pouvoir royal, et
pour l'intérêt général du royaume.

2. *Du Maire.*

Le Maire est l'homme de la ville, son représen- Nomination.
tant, lorsqu'elle doit être représentée par un individu ; il est le défenseur de ses intérêts, il est
tenu à les soutenir vis-à-vis des autorités supérieures ; il doit leur faire connaître les besoins et les
vœux de ses administrés ; il est en outre le président du conseil municipal, chargé de l'exécution
et de tous les détails de l'administration, tenu de
veiller à l'emploi des revenus ; enfin, lui seul, dans
la commune, donne des ordres en ce qui concerne
l'administration et la police municipale. Mais, d'un
autre côté, c'est par lui que les ordres émanés directement ou indirectement du Roi parviennent à
ses concitoyens ; il est chargé d'en suivre et assurer
près d'eux l'exécution ; il est chargé non-seulement
de la police de la ville, mais encore, dans la ville,
de la police générale, etc. ; en conséquence, il est
aussi un agent de l'administration publique, et par
suite sa nomination est dévolue au Roi : la Charte
est formelle à cet égard, le *Roi nomme à tous les
emplois d'administration publique.* Cette dispo-

sition au sujet des Maires me paraît encore fondée
en principe : le Roi est non-seulement l'administrateur suprême de l'État, mais encore, en un
certain sens, l'administrateur suprême de chaque
commune ; c'est lui qui y prononce en dernier
ressort ; c'est ce dernier prononcé qui doit être
exécuté, et il faut en conséquence que l'agent
d'exécution appartienne en quelque sorte à celui
qui a ordonné définitivement : si je ne trouve aucun
avantage pour le Roi à ce qu'il intervienne dans
la nomination des membres du conseil municipal,
qui n'ont en définitive que des propositions à faire
sur les biens et revenus de la commune, je trou-
verais un grand inconvénient à ce qu'il ne nommât
pas lui-même un agent chargé de l'exécution de
ses ordres.

Naturellement, le choix du Roi doit s'arrêter
sur un membre de la commune distingué par ses
moyens, son patriotisme et sa position sociale.
Mais ce n'est pas à autrui à lui prescrire des règles
à cet égard ; la loi ne doit pas le faire ; elle ne
saurait, constitutionnellement parlant, restreindre
ou limiter un droit donné au Roi par la constitution. Le projet de loi sur l'organisation municipale,
présenté à la Chambre des députés en 1821, portait que les Maires seraient pris parmi les membres
du conseil municipal : certainement cette disposition est très-convenable ; mais ce n'est pas au corps
législatif à la prescrire ; et, par ce motif, la com-

mission proposa la suppression de cette clause. Plusieurs autres dispositions du même projet étaient dans un cas semblable.

J'ai une extrême antipathie pour l'arbitraire, et je voudrais que partout, et notamment dans l'administration publique, il fût remplacé, autant que possible, par des règles authentiques. Le Roi ne perdrait rien en se les imposant : le grand Frédéric y perdait-il, en établissant des règles rigoureuses pour l'avancement dans ses troupes, et en les suivant très-strictement ? Il y gagnait une excellente armée. Dans notre espèce, je crois qu'une ordonnance royale pourrait établir que, pour être Maire dans une commune, il faudrait, 1.º y avoir une propriété, y être né, ou y avoir son domicile depuis dix ans ; 2.º être ou avoir été déjà membre du conseil municipal : c'est parmi ces *consulaires*, déjà honorés de la confiance de leurs concitoyens, que serait pris le magistrat de la commune. — Sur 350 villes environ dont le Roi nomme directement les Maires en France, il n'y en a pas 40 (les bonnes villes) dont la nomination intéresse immédiatement l'ordre général du royaume, et dont le Roi ait ainsi un intérêt direct à faire lui-même la nomination : les Ministres et les Préfets feront de fait les autres. Laisser un plein arbitraire entre leurs mains, c'est bien leur donner le moyen d'exercer une plus grande influence personnelle ; mais je crois que l'avantage qui en résulte pour la chose publique, et pour les communes, est moindre que celui qui résulterait d'une règle limitative bien établie.

Tout ce qu'on dit de l'ancien ordre de choses en France, pour étayer l'opinion que les habitans de la commune doivent élire leur Maire, ne saurait être appliqué aux circonstances actuelles. Alors l'autorité du Roi n'avait pas été contestée et renversée en France; il ne s'agissait plus de la rasseoir, de la remettre en vue et en considération parmi le peuple : le mode d'administration général était différent; il n'y avait pas une loi de recrutement et un grand nombre d'autres qui rendent les Maires agens directs du gouvernement. D'ailleurs, je conteste absolument ce qu'on dit de la nomination directe des Maires par le peuple : dans la plupart des lieux, ils étaient nommés par le Roi, les seigneurs, etc. Je prends, en outre, un exemple de ce qu'étaient les élections là où elles avaient l'apparence populaire, et cela dans une ville (Toulouse), autrefois espèce de république, qui, parlant même à nos derniers Rois, disait ne tenir ses droits et priviléges que d'elle-même, et non de la concession de ses Souverains; qui ne laissait entrer dans ses murs Louis XIII, et Louis XIV, qu'après leur avoir fait jurer qu'ils n'attenteraient pas à ses priviléges; qui, en toute réalité, ne souffrait pas les troupes du Roi dans son enceinte; qui n'avait d'autres gouverneurs que ses Capitouls : eh bien, voici comment se faisait leur nomination. A l'époque de la réunion à la Couronne, où, par ses franchises, « de sa propre volonté, la ville les nommait, instituait, et changeait à volonté », c'étaient eux-mêmes qui, à chaque renouvellement, désignaient leurs successeurs. En 1335, cet ordre fut changé : chacun des huit Capitouls nomma 6 candidats; un collége, composé d'anciens Capitouls, réduisit leur nombre de 48 à 24; et parmi ceux-ci, le Viguier, représentant le Roi, choisit les huit nouveaux magistrats. Plus tard, la réduction des 48 à 24 fut faite par le Sénéchal, assisté de quelques juges de la sénéchaussée et de notables par lui désignés et pris en partie parmi les anciens Capitouls : le choix fut directement fait par le Roi : (le Sénéchal était alors, dans nos provinces méridionales, l'homme du Roi, ce qu'ont été depuis, pour le civil, les Intendans et les Préfets.) Cet ordre de choses a duré jusqu'à Louis XVI; alors, on laissa au collége électoral la nomination des Capitouls; mais le Roi se réserva la nomination directe du plus important d'entr'eux, le *Chef du consistoire*. Voilà ce qu'était alors le prétendu droit du peuple. Nous avons vu ce qu'a produit le droit réel quelque temps après, et quels pitoyables Maires il a donné à notre ville. Les élections populaires ont été rétablies dans les cent jours, et les nominations ont été en général si mauvaises, que le gouvernement, au moins dans nos contrées, a maintenu presque tous les anciens Maires.

15

Destitution. Celui qui nomme les Maires a aussi le droit de les révoquer. Mais il importe aux convenances et à l'intérêt de la commune, qu'on n'use que rarement de ce droit, qu'il soit en conséquence assujetti à des formes qui en gênent l'usage, et qui fassent qu'il ne sera réellement exercé que pour de graves motifs. Le Maire, avons-nous dit, est le défenseur de la commune près des autorités supérieures, près du Préfet; il faut donc qu'il ne soit pas son homme et dans son entière dépendance; qu'il ne puisse pas craindre d'être destitué du moment qu'il n'obtempérera pas à ses désirs, à ses insinuations; du moment qu'il n'usera pas de son ascendant pour faire adopter, par le conseil, une mesure recommandée, mais qu'il croirait désavantageuse à la commune. Il pourrait, par exemple, être établi que les Maires nommés par le Préfet ne seraient destitués que par une ordonnance royale; que ceux nommés par le Roi ne le seraient que par une *ordonnance délibérée en Conseil des Ministres,* et portant deux signatures ministérielles. Cette formalité serait bien loin d'être vaine : lorsqu'une ordonnance ne concerne qu'un objet minime et d'intérêt tout-à-fait local, le Ministre, occupé d'affaires générales, peut accepter, sans un grand examen, le rapport d'un chef de division, et présenter l'ordonnance à la signature royale; mais lorsqu'il doit personnellement faire un rapport au Conseil des Ministres, qu'il peut lui être fait des observations ou des objections auxquelles il aurait à répondre, il examinera lui-même l'affaire ; et c'est une garantie de plus.

Un Maire peut encore encourir la suspension de ses fonctions. Ce droit doit pouvoir être exercé, même sans exposition publique des motifs, par le commissaire du Roi, le Préfet. Qu'un Maire, par exemple, dans sa police, agisse contradictoirement aux ordres qu'il aurait reçus ; le Préfet prononcerait alors la suspension, par un arrêté spécial, et jusqu'à la décision du Roi. On pourrait peut-être établir que si, au bout de trente jours, la décision n'était pas signifiée au Maire suspendu, la suspension cesserait de droit ; sans cela, il pourrait arriver qu'on laisserait assoupir cette affaire dans les bureaux, comme on dit vulgairement, et que la suspension par le Préfet deviendrait une vraie destitution.

Suspension.

3. *De la Tutelle royale.*

Les communes sont propriétaires, dans toute la force de ce terme, de leurs bois, pâturages et autres biens. Mais ses habitans, à une époque quelconque, ne peuvent point en disposer comme un particulier dispose des siens : celui-ci peut, suivant l'adage, en user et en abuser ; les habitans ne peuvent qu'en user ; ils les ont reçus de leurs prédécesseurs, ils doivent les transmettre à leurs successeurs ; ils n'en sont ainsi qu'usufruitiers : c'est

Nécessité.

15.

évident. Toutefois, il peut arriver que, dans l'intérêt des successeurs comme dans celui des présens, il convienne de transformer, d'échanger et même d'aliéner une propriété ; mais, il est encore évident que de tels échanges ou aliénations ne peuvent être faits uniquement par des administrateurs, pour ainsi dire, d'un seul jour, qui pourraient n'être mus que par l'intérêt du moment, ou même par un intérêt tout personnel : il pourrait arriver qu'un Maire, entièrement étranger à la commune et même au pays (car la règle qui doit limiter le choix n'est pas encore établie), n'ayant que bien peu à cœur les intérêts de la cité, ne voyant dans sa place qu'un moyen de se faire des créatures ou des amis; désirant, par suite de cette disposition, obliger un citoyen puissant, ne se servît de son influence auprès du conseil municipal, pour l'engager, par exemple, à l'échange désavantageux d'une forêt. L'intervention d'une autorité supérieure, d'une autorité désintéressée, permanente, et par conséquent de l'autorité royale, de préférence à toute autre, est ici évidemment nécessaire. La raison écrite, le droit romain avait en conséquence mis les villes impériales sous la tutelle des Empereurs, et les autres villes sous celle des Proconsuls. À peine a-t-il existé des communes en France, qu'elles ont été traitées comme des mineurs : du temps de Saint Louis, les *villes-quémunes* étaient regardées comme l'enfant en *sous-âge;* dans le 14.ᵉ siècle, il était de principe que toute aliénation faite par une commune n'était valable, si *elle n'était confirmée du Prince souverain.* Cette disposition est formellement rappelée dans les ordonnances de Louis XIV, et M. le Président Henrion de Pensey, dans son livre sur le *pouvoir municipal et les biens des communes,* loue la sagesse et la perfection de notre législation à cet égard.

L'intervention du tuteur n'est pas moins nécessaire pour valider les emprunts faits par les communes, ces emprunts étant aussi un moyen de priver les successeurs et de leurs biens et de leurs jouissances. Un Maire et un conseil municipal, pour illustrer l'époque de leur gestion, ne pourraient-ils pas entreprendre une dépense bien au-dessus des moyens de la ville, telle que la construction d'une belle place publique, et pour en venir à bout, ne pourraient-ils pas épuiser, à l'avance, par un emprunt, le revenu d'un grand nombre d'années ? Le Maire et le conseil suivans en voudraient peut-être faire autant. Qu'ils usent des revenus de leur année, qu'ils en abusent même, puisque de tout temps il y a eu des abus ; mais qu'une génération ne dévore pas les générations à venir : la chose, l'emprunt, qui lui en donnerait les moyens, serait tout-à-fait immorale.

Note. Puisque je suis sur cette matière, les emprunts, je dirai que, malgré l'opinion du jour, malgré les incitations des agioteurs, je crois que les villes doivent les éviter autant que possible : je ne vois qu'un bien petit nombre de cas où elles puissent convenablement y avoir recours, par exemple, lorsque l'ennemi est aux portes et qu'il exige une contribution de guerre, lorsque l'église de la paroisse est tombée, etc. Même dans les cas où, par une première mise de fonds, on pourrait faire un établissement qui semblerait devoir en rapporter au moins l'intérêt, il faut encore agir avec circonspection : les villes sont presque toujours dupes dans leurs spéculations financières. Quant aux constructions ordinaires ou extraordinaires, mais non forcées, si, sous prétexte d'une plus prompte jouissance, on les fait par voie d'emprunt, elles coûteront davantage ; car, outre la somme employée, il faudra en payer les intérêts, et en définitive, au bout d'un long espace de temps, on aura fait moins d'ouvrages. — Par exemple, qu'une ville ait à disposer annuellement de cent mille francs pour constructions, et qu'elle en entreprenne une d'un million, il lui faudra dix ans pour la faire. Veut-on l'avoir de suite, et emprunter, pour cet objet, un million à 5 pour cent d'intérêt, remboursable en annuités de cent mille francs chacune, il faudra 14 ans et 75 jours pour se libérer, et on aura payé en somme 1,420,670 francs. Au bout de cent ans, on eût fait pour dix millions de travaux ; à l'aide d'emprunts, aux conditions ci-dessus, il n'en aura été fait que pour 7,038,930 fr. : c'est incontestable.

Ce que je viens de rapporter montre combien l'intervention du tuteur est nécessaire dans tout ce qui concerne les aliénations et les emprunts des communes, et combien cette intervention doit être réelle et non de pure forme. Au reste, on ne peut reprocher à notre législation actuelle de ne pas avoir senti la nécessité de cette tutelle ; car elle l'a même donnée au corps législatif, tandis

qu'elle appartient naturellement au Roi; aujour-
d'hui, il faut une loi pour autoriser une aliénation,
et pour un emprunt au delà d'une certaine limite :
c'est l'assemblée constituante, alors qu'elle cher-
chait à ruiner et à absorber l'autorité royale, qui
a introduit cet ordre de choses. La loi à intervenir
sur l'administration communale remettra vraisemblablement les choses dans leur état naturel. Mais
je crains que, pour éviter un reproche de centralisation, on n'ôte trop à la haute administration;
la loi de 1824, sur les chemins vicinaux, donnant
aux Préfets le droit d'autoriser les aliénations relatives à ces chemins jusqu'à la valeur de trois mille
francs, me paraît aller bien loin. Je penserais que
le droit d'autorisation ne devrait être laissé aux
Préfets que pour des lopins de terre insignifians,
tels que ceux qui proviennent du redressement d'un
chemin ou de l'alignement d'une rue. En général
ici, il y aurait peu de péril dans la demeure; et
je désirerais qu'à la direction générale des communes il fût établi une jurisprudence bien positive
sur les acquisitions, aliénations, emprunts, et que
toute demande ayant rapport à ces objets y fût
bien examinée. Toutefois, en cas d'urgence, reconnue par une décision spéciale du conseil de préfecture, le Préfet serait autorisé à approuver.

L'action du tuteur doit encore s'étendre à la
conservation des biens des communes. Ainsi, si un
conseil municipal laissait dépérir un édifice impor-

tant, par un défaut manifeste d'entretien, le Roi, arrêtant le budget de la commune, porterait des fonds sur cet objet.

Il en porterait aussi au paiement des dettes, si le conseil refusait de satisfaire à une obligation contractée.

Il retirerait du budget tout ce qui y serait mis, et qui ne concernerait pas les intérêts réellement municipaux, ou qui serait contraire aux lois de l'État, ainsi qu'à l'intérêt général, à la défense du royaume par exemple.

La nécessité de l'intervention royale est si manifeste, dans tous ces cas, qu'on a eu raison de dire qu'il faudrait l'établir, si elle n'existait pas. Aussi a-t-elle toujours existé en France, même pour des objets bien moins importans que ceux que je viens d'indiquer : la ville de Toulouse, par une décision souveraine, renouvelée en 1778, ne pouvait procéder à l'adjudication d'un ouvrage de plus de *cent francs,* sans l'approbation de l'Intendant de la province, lequel était à soixante lieues de distance.

On voit, d'après ces faits et ces considérations, le cas que l'on doit faire de ces demandes réitérées en *émancipations des communes;* ce sont des prétextes ou des déclamations, aussi dénuées de fondement que les plaintes sur leur *servitude.* Je ne sais trop ce qui en était autrefois, et s'il y avait plus de servitude dans les administrations communales que dans le corps législatif, bien qu'on y votât au scrutin secret. Mais ce que je sais bien, c'est que, depuis neuf ans que j'ai l'honneur d'être membre du conseil d'une très-grande commune, j'y chercherais vainement un acte de contrainte direct ou indirect. Serait-ce parce que, chaque année, le budget de la ville est arrêté par le Roi? Je n'y vois qu'avantage : sur près d'un million de dépenses annuelles, spontanément et librement proposées par le conseil municipal, il n'est pas fait, à Paris, pour dix ou quinze mille francs de changemens dans nos allocations; et, au jugement de toute personne désintéressée, ces changemens seraient trouvés justes ou convenables. Serait-ce parce que sur vingt délibérations du conseil il y en a une qui n'est pas ratifiée par le délégué du Roi, et qui est renvoyée à une nouvelle délibération? Mais presque toujours le refus ou renvoi n'est fait que pour un défaut de forme facile à corriger, ou pour empiétement d'attributions, ou pour la conservation du droit des tiers intéressés. Dans une constitution monarchique, le Roi n'aurait pas ce que la constitution républicaine de 1795 donnait aux Ministres, le droit d'*annuller les actes des administrations locales, lorsque ces actes sont contraires aux lois ou aux ordres des autorités supérieures* (art. 193)?

Il me semble que, pour ma commune, il n'y a qu'honneur et avantage d'avoir le Roi pour tuteur.

Mais, je ne verrais pas un acte de sa tutelle, dans une insinuation ou une velléité du Préfet et même du Ministre ; l'acte définitif, c'est l'ordonnance portant en tête : *Charles, par la grâce de Dieu, Roi de France,* etc. Devant un tel ordre, même au conseil municipal, je ne saurais qu'obéir, et cela soit dit sans craindre d'encourir le reproche de servilité, ou de soutenir le système de l'obéissance passive. En Angleterre, on a pu disputer long-temps sur un tel système ; en France, on ne l'a jamais fait ; l'honneur et le devoir parlent aussi au Français, et sa conscience lui apprend à concilier ce qu'il leur doit, ce qu'il se doit à soi-même, avec ce qu'il doit au Roi.

Exemple de la marche de l'administration communale. Les bases de l'administration communale étant établies de la manière que j'ai indiquée, la nature de chacun des pouvoirs qui la composent étant définie, je montre, par un exemple, comment se combine leur action. Qu'il s'agisse de l'acte principal, l'établissement du budget annuel d'une grande ville. Le Maire, chef de l'administration, connaissant les besoins de la cité, les difficultés qui se sont présentées, et qui peuvent se reproduire, etc. ; ayant les bureaux à ses ordres, recueille tous les élémens nécessaires à la confection du budget ; il en dresse un projet, et remet le tout au conseil municipal : celui-ci, sur le rapport d'une de ses commissions, qui aura tout vu et vérifié, votera son budget en l'accompagnant de toutes les obser-

vations et demandes qu'il jugera à propos. Le
Maire, en le transmettant au Préfet, ajoutera ses
remarques, s'il le juge convenable. Le Préfet
examinera le tout, et s'il croit qu'il doit être fait
un changement dans quelque allocation, il le fait
connaître au conseil avec ses motifs : le conseil
émettra son avis. Les pièces seront envoyées à la
direction générale des communes, et sur son rapport, c'est-à-dire, sur celui du Ministre de l'intérieur, interviendra l'ordonnance royale qui décide définitivement.

S'il survenait quelqu'affaire particulière, hors
le temps de la *session de droit*, celle destinée à
la formation du budget et à toutes les demandes
ou observations du conseil, le Préfet autoriserait
la convocation, et il serait procédé d'une manière
analogue à celle déjà indiquée. Le Préfet serait
autorisé à approuver définitivement jusqu'à une
somme fixée, et celle de vingt mille francs me paraît
suffisante. Au reste, il serait toujours autorisé à
approuver en cas d'urgence, l'urgence étant reconnue par le Conseil de préfecture.

Je ne parlerai point de la reddition des comptes
des Maires, des Adjoints, des budgets et affaires
des petites villes, des communes rurales, etc. Ce
n'est point ici un *Traité* sur l'administration communale, mais bien quelques *Considérations*, et elles
portent sur les objets qui ont le plus attiré mon
attention.

La marche administrative que j'ai indiquée n'est, à très-peu près, que celle qu'on suit réellement ; ainsi, je ne désire pas que la loi à intervenir établisse un nouvel ordre de choses, mais qu'elle sanctionne celui qui existe, avec quelques perfectionnemens indiqués par l'expérience, et dont les conséquences sont déjà connues.

Avantage d'une loi sur l'administration communale. Je crois d'ailleurs que la sanction, quant aux bases, doit être donnée par une loi. Il s'agit de la manière dont des propriétaires jouiront de leur propriété, de l'action d'un tuteur, d'un droit d'établir des impositions, et tous ces objets sont exclusivement du domaine de la loi, et les lois existantes ne sont plus compatibles avec le gouvernement actuel.

Une loi, d'après les principes énoncés ci-dessus, couvrirait la France du régime municipal. Tous les intérêts réellement locaux, ceux de la cité et de la commune, seraient régis directement, et aussi pleinement que possible, par les parties intéressées. Les habitans ont l'initiative sur tout : le tuteur n'intervient que pour leur propre intérêt, et dans un bien petit nombre de cas, comme pour assurer la conservation de leurs biens, pour empêcher que leurs revenus ne soient dissipés et affectés à des objets étrangers, pour assurer les droits d'autrui, enfin, pour tenir les communes dans les limites tracées par les lois ; et encore, dans cette intervention, ne prononce-t-il qu'après avoir entendu leur conseil municipal sur les points en litige ou douteux. Ainsi, je le répète, les communes ont tout ce qu'elles peuvent raisonnablement désirer.

D'un autre côté, je ne vois pas que le pouvoir royal puisse être affaibli par un tel état de choses. D'abord, la presque totalité des intérêts communaux n'affecte qu'indirectement la royauté; la tutelle n'est qu'une charge pour elle, mais qui ne peut être convenablement remise à d'autres, dans l'intérêt des communes principalement. En principe, et dans un état définitivement réglé, le Roi ne nomme pas des conseillers municipaux; il n'a aucun intérêt à ce que ce soit tel ou tel bourgeois, tel ou tel notaire d'une commune qui siége au conseil, c'est-à-dire, qui y émette tel ou tel avis sur une dépense communale : on remet cette nomination aux sages, aux anciens de la commune, à ceux qui sont manifestement les plus intéressés au maintien de l'ordre. Je remarquerai encore, et cette remarque me paraît très-importante, que les communes ne tendent en aucune manière à empiéter sur le pouvoir royal; elles peuvent désirer plus de latitude dans l'administration de leur propre bien, mais elles ne demandent et ne veulent rien dans l'administration publique, dans celle qui appartient particulièrement au Roi. Les communes elles-mêmes ne réclament rien, et les réclamations qui ont lieu à leur sujet ne sont que des prétextes. On ne compromet rien en leur re-

connaissant ce qui leur appartient naturellement,
ce dont elles sont déjà réellement en possession :
d'ailleurs, le Roi demeure maître de la nomination
du Maire, du seul qui joue un rôle actif, du seul
qui ordonne dans la commune.

D'où vient donc qu'une loi, dont la nécessité est
généralement sentie, qui satisferait un besoin public,
qui ne présente aucun danger pour le gouvernement, dont les bases sont si simples, où tout (objet à
administrer, corps administrant, action du tuteur)
est si précis, et qui par conséquent semble si facile
à faire ; d'où vient, dis-je, qu'une telle loi se fait
si long-temps attendre ? D'où vient que le projet
présenté en 1821, dont le fond était généralement
bon en ce qui regarde l'administration communale,
et contre lequel on a fait si peu d'objections, a été
si peu goûté et n'a pas été reproduit ? C'est peut-
être parce qu'on a voulu lier cette loi à une autre
qui a bien des rapports apparens, mais où tout
diffère en réalité, dont les circonstances montrent
la difficulté et non la nécessité, et qu'il est presque
impossible de faire dans la disposition actuelle des
esprits : ce qu'on paraît vouloir d'une part, on n'ose
même l'avouer explicitement ; on voudrait l'obtenir
sans le demander ; et de l'autre, on craint de se dépouiller, d'accorder ce qui vous appartient et qui
pourrait être tourné contre vous. Nous allons le voir
dans le chapitre suivant.

CHAPITRE III.

DE L'ADMINISTRATION DÉPARTEMENTALE ET DES PROVINCES.

———

`Art. i. *Des Départemens et de leur Admi-nistration.*

Que sont nos départemens? Une division du ter-ritoire français, faite à peu près arbitrairement, il y a 35 ans, de manière que chacun des 86 com-partimens, résultant de la division, eut environ 18 lieues de long et autant de large. Ces dimen-sions ont été prises de manière qu'en plaçant, dans le chef-lieu de chaque département, les principales autorités administratives et judiciaires, le citoyen fût à une distance assez rapprochée de ses admi-nistrateurs et de ses juges; car d'ailleurs on n'a pris en considération aucun des rapports naturels ou d'habitude des peuples; au contraire, on a voulu rompre les liens que les idiomes, les cou-tumes et une antique administration avaient établis entre eux. Ainsi, et à tous égards, il y a moins de rapports, par exemple, entre les habitans de Saint-Gaudens et ceux de Toulouse, dans le même département, qu'entre ces derniers et ceux de Lavaur, Albi, Montauban, etc., quoique ces villes appartiennent à d'autres départemens.

Départe-mens.

Si les communes nous ont présenté des divisions naturelles et de toute ancienneté, les départemens ne nous offriront qu'une division factice, dernièrement opérée par la révolution et dans son intérêt.

Par suite de cette diversité d'origine et d'ancienneté, les départemens, encore différens des communes en ce point essentiel, ne possèdent en propre aucun bien.

Objet à administrer. Ainsi, les administrations départementales n'ont à gérer que des *propriétés publiques :* celles de ces propriétés qui se trouvent dans le département. Leur administration appartient au Roi, ainsi que nous l'avons dit au commencement du premier chapitre. Pour la faciliter, le Roi, par ses ordonnances, a divisé les propriétés publiques en deux grandes classes; il a nommé départementales celles qui sont d'un intérêt plus particulier pour les habitans du département dans lequel elles sont situées, telles que des routes du second ordre, les hôtels de préfecture, les palais de justice, les prisons, les casernes de la gendarmerie, etc. Demain, le Roi, par une simple ordonnance, peut modifier, changer et même révoquer cette division des propriétés publiques; tout est ici à sa pleine et libre disposition.

Les lois de finances affectent des fonds particuliers pour l'entretien des propriétés dites départementales; et en cas d'insuffisance, les conseils généraux des départemens sont autorisés à établir un impôt sur les biens situés dans le département respectif.

Dans l'administration départementale, nous avons à distinguér, ainsi que nous l'avons déjà vu, 1.º le Préfet; 2.º le Conseil général du département; 3.º le Conseil de préfecture. Celui-ci exerçant des fonctions plutôt judiciaires qu'administratives, il n'en sera pas question dans cet écrit.

Dans le département, *le Préfet est seul chargé de l'administration :* telle est la disposition formelle de la loi qui établit le système administratif actuel. Mais, sous le Préfet, sont divers fonctionnaires chargés de la partie technique et des détails de la plupart des branches de l'administration; ainsi, il y a un ingénieur pour les routes, un inspecteur forestier pour les bois, un directeur pour les domaines, un directeur pour les contributions, etc. : ils adressent au Préfet leurs propositions, lui font leurs rapports; mais ce ne sont proprement que des avis, et lui seul ordonne dans le département. *Du Préfet.*

Le Conseil général est principalement chargé, 1.º De répartir, entre les arrondissemens, les contributions directes votées par le corps législatif; *Conseil général. Attributions.*

2.º D'émettre son opinion sur l'allocation à faire aux diverses dépenses départementales des fonds qui leur sont affectés par la loi des finances;

16

3.º De voter jusqu'à cinq centimes *facultatifs* en cas d'insuffisance, et de les répartir de la manière qu'il le juge convenable ;

4.º De transmettre au gouvernement ses avis sur l'état et les besoins du département.

Je fais quelques observations sur chacune de ces diverses attributions.

La répartition des impositions foncières entre les arrondissemens, devant être faite d'après des bases en partie arrêtées, est une œuvre presque mécanique. Elle le sera entièrement lorsque le cadastre sera terminé dans un département.

Le concours du Conseil général dans l'allocation des dépenses départementales est très-convenable : lorsque le gouvernement arrête cette allocation, et sur l'avis de son délégué et sur l'avis des notables du pays, qu'il a sous les yeux le tableau des dépenses proposées par son agent et celui qui est délibéré par le Conseil, le gouvernement, dis-je, agit avec pleine connaissance de cause, et en général il agit nécessairement dans l'intérêt public.

Quant aux cinq centimes facultatifs, à leur vote et à leur emploi, le Conseil est souverain ; car, bien que la loi exige l'approbation du Roi, elle n'en dit pas moins que *l'allocation en sera toujours conforme au vœu du Conseil général ;* en d'autres termes, que le Roi ne pourra nullement modifier cette allocation, diminuer, par exemple, un article pour en augmenter un autre. Cette dernière dis-

position, qui est l'objet des louanges d'un grand
nombre de personnes, qu'il faut, suivant elles,
étendre aux diverses parties de l'administration
départementale et communale, me paraît cependant bien extraordinaire; elle est manifestement
destructive d'un droit que la Charte donne au Roi.
Elle lui confère le soin des propriétés publiques,
et un corps, dont elle ne fait et ne pouvait faire
mention, qui n'est ici qu'un simple conseiller du
Roi, aura le droit d'affecter à ces propriétés publiques les fonds qu'il jugera à propos, et cela sans
que le Roi, le grand administrateur, puisse modifier cette affectation? une loi secondaire lui en
enlève formellement le droit. D'après les principes
consacrés en France de toute ancienneté, il pourra
intervenir dans la répartition qu'une commune fait
de son propre bien, et il ne pourra le faire dans
celle qu'un de ses Conseils fait des deniers publics à une propriété publique dont il est l'administrateur né? C'est non-seulement inconstitutionnel, mais encore c'est dur et inconvenant : les
Ministres, qui ont présenté ou consenti cette disposition, ont eu un moment de distraction. Qu'on
ne dise pas que l'exclusion n'est donnée qu'au Ministre : de droit comme de fait, elle est donnée au
Roi. Notre constitution établit un pouvoir royal et
non un pouvoir ministériel; elle ne dit pas : les
Ministres sont les Chefs suprêmes de l'État, ils commandent les armées, ils font les traités de paix, etc.;

16.

si elle le disait, on le sent, notre gouvernement serait tout autre : s'ils agissent dans l'exercice de ces fonctions, c'est que le Roi les en a chargés, et c'est le pouvoir royal qu'ils exercent. La loi aurait dû dire, ce me semble, que le budget facultatif serait définitivement arrêté par une ordonnance royale. — D'ailleurs, abstraction faite de la clause scandaleuse à mes yeux, je ne puis qu'applaudir au fond de la disposition. Il est très-avantageux que des fonds spéciaux soient affectés à des objets particuliers et d'intérêt secondaire : autrement, la gestion de ces objets est continuellement sacrifiée aux grands intérêts de l'État ; ils absorbent l'attention comme les moyens du gouvernement. Bonaparte lui-même, malgré le désir qu'il avait de tout faire, et le besoin de tout l'argent qui se levait en France, l'avait bien senti ; il avait établi des fonds spéciaux pour divers services : la rétribution universitaire, destinée aux dépenses de l'instruction publique, est un reste de ces établissemens.

Les Conseils généraux peuvent encore voter trois centimes additionnels sur la contribution foncière, pour les opérations cadastrales dans le département.

Ils présentent en outre au gouvernement, tous les ans, leur opinion sur l'état et les besoins du département, et ils expriment leur vœu à cet égard. Cette disposition a perdu une grande partie de son utilité et de son importance, depuis que les dépar-

temens envoient à la Chambre élective des notables
du pays, qui y ont la parole, en présence des dépositaires de l'autorité et de la France, pendant
près de la moitié de l'année. Le gouvernement
rend public un extrait des cahiers exprimant les
vœux.

Note. Je fais une réflexion sur cette publication. Le Ministre
qui l'ordonna le premier commit, à mon avis, une faute comme
Ministre du Roi. Toute voie de correspondance, ou principe
de coalition entre les Conseils des départemens, est regardée
comme un mal; en conséquence, le projet de loi, présenté en
1821, autorisait le Roi à dissoudre tous Conseils qui entreraient
en correspondance; et un amendement, proposé par la commission chargée de l'examen du projet, donnait de plus au
Roi la nomination des membres des Conseils qui devaient remplacer les Conseils dissous; tant cette commission jugeait que
la correspondance pouvait être préjudiciable au pouvoir royal,
et qu'il convenait de le rassurer. Or, la publication des
vœux émanés de tous les Conseils n'est-elle pas un moyen indirect de correspondance? Par suite de l'esprit de parti, et à
l'aide d'une tactique bien connue, des membres ne pourraient-
ils pas s'entendre pour faire émettre un même vœu; vœu dont
la généralité et la publicité pourraient quelquefois embarrasser
le gouvernement?

Que ma remarque ne soit pas regardée comme faite dans le
dessein d'inculper la personne du Ministre que je viens de
désigner; je porte trop d'estime à un homme dont le caractère
honore notre âge, à un des plus beaux talens oratoires dont
la France ait à se glorifier, au *vir probus et dicendi peritus*
de Cicéron. S'il est vrai qu'alors il commit une faute, elle fut
bien rachetée par cet autre acte qui introduisit les Préfets dans
les Conseils généraux des départemens. Cette mesure, je le
sais, a été généralement blâmée; elle l'a été presqu'unanime-

ment dans les Chambres législatives, et cependant le gouvernement était fondé en droit et en raison. Le Roi est l'administrateur suprême en France, les corps administratifs sont sous
sa dépendance, ils lui appartiennent (sauf lorsqu'ils votent
un impôt), et il peut y introduire qui bon lui semble : il peut
envoyer ses Ministres et ses Commissaires au sein des Chambres
législatives, puissances indépendantes qui ont à voter librement sur ses propositions ; et il ne pourrait, dans un département de son royaume, envoyer son Commissaire local, son
représentant, au sein d'un de ses Conseils ? L'acte était d'ailleurs très-politique ; à cette époque, dans quelques Conseils
généraux, on discutait aussi sur les attributions de la royauté ;
et, du moment que les hommes du Roi y ont paru, les discussions ont cessé. La commission de la Chambre des députés, examinant le projet de loi présenté sur l'organisation
municipale et départementale, improuva aussi la décision
prise ; et elle proposa, en conséquence, de la révoquer par
un article de la loi, d'après lequel les Préfets ne pourraient
assister aux Conseils généraux qu'autant qu'ils y seraient in-
vités par délibération desdits Conseils. Si un tel article fût
passé en loi, et que j'eusse l'honneur d'être Ministre du Roi,
j'écrirais aux Préfets : «Quant aux invitations que les Conseils
généraux pourraient vous adresser, vous vous rappellerez que
vous êtes l'homme du Roi, que vous vous devez entièrement
aux affaires qu'il vous a confiées ; si ensuite elles vous laissent
du *temps de reste*, ou que vous le jugiez convenable au service
de Sa Majesté, vous vous rendrez à l'invitation. » A moins de
vouloir détruire tout ordre, il ne faut pas subordonner le
principal à l'accessoire : le Roi est ici le maître ; le Préfet est
son représentant, et le Conseil, en matière administrative,
n'a après tout que des avis à donner.

Demande
de nouvelles
attributions. Des Conseils qui ont des attributions telles que
je viens de les rappeler, qui votent près des 5 et

même des 8 centièmes du principal de nos contributions directes, plus souverainement encore que
les Chambres législatives, car ils les votent d'eux-
mêmes et sans initiative aucune; qui en disposent
souverainement; qui arrêtent en outre la répartition d'une somme plus considérable encore; qui,
en définitive, disposent ou concourent à disposer
d'un sixième de la contribution foncière, se plain-
draient de ne pas avoir des attributions, de n'en
avoir que d'insignifiantes? Ils en demanderaient,
ou l'on en demanderait encore d'autres pour eux?
Quelles sont donc celles des Conseils d'arrondissement?

Les demandes sont positives; depuis dix ans la
tribune de la Chambre des députés en retentit;
cent brochures les ont reproduites : si le projet
d'organisation départementale, présenté en 1821,
a été froidement accueilli à la Chambre des députés, s'il y a été délaissé, c'est précisément parce
qu'il ne contenait pas de nouvelles attributions : le
rapport même de la commission l'indique.'

Que veulent donc les Conseils généraux? que
veut-on pour eux? car, sur cent demandes d'attributions, je n'ai point vu la demande d'une attribution positive. C'est une chose assez singulière de
demander avec acharnement, et de ne pas énoncer
formellement ce que l'on demande, ce que l'on
veut obtenir.

Les Conseils généraux veulent-ils que le corps

législatif leur donne le droit de voter un plus grand nombre de centimes facultatifs? Mais la propriété foncière n'est déjà que trop grevée de contributions.

Veulent-ils que le Roi leur concède tous ses droits à l'allocation des fonds pour les dépenses départementales? Le Roi n'abdiquera pas le pouvoir que lui donne notre constitution, et qu'elle lui donne dans l'intérêt public : si ses Ministres ont erré une fois, espérons qu'ils ne le feront pas une seconde.

Désirent-ils qu'il soit constitué une hiérarchie administrative, et que, placés en tête, ils puissent dominer souverainement les Conseils d'arrondissement et les Conseils municipaux? Pour les Conseils d'arrondissement, passe; au reste, la domination est déjà établie, et à tel point, que ces pauvres Conseils en sont réduits à rien : mais, pour les communes, elles ne reconnaissent que le Roi au-dessus d'elles. A quel titre un habitant de Saint-Gaudens, membre du Conseil général du département de la Haute-Garonne, viendrait-il statuer sur les dépenses de la ville de Toulouse, objet dont il n'a aucune connaissance, et auquel il n'a pas le moindre intérêt? Un légiste de l'extrémité de la Gironde, d'un esprit remuant, aurait à réviser et à remanier un budget de deux millions appartenant à la ville de Bordeaux; et cela, parce qu'un travail de cette importance flatterait son esprit, et lui procurerait une clientelle : que de tracasseries et de maux pour les communes ! Bien mieux leur vaut la tutelle du Roi.

Les Conseils généraux désireraient - ils plus encore? désireraient-ils suivre, dans leur application, les fonds qu'ils ont alloués ; régler et surveiller le service qui leur est relatif; en d'autres termes, administrer réellement? Je crois que c'est là où l'on tend, sans toutefois le dire explicitement. Mais tout ce qu'on rapporte et ne cesse de rappeler de nos anciens états provinciaux, des usages de l'Angleterre, des institutions gratuites, des avantages de remettre les administrations locales aux notables du pays, à des personnes indépendantes du gouvernement, etc., indique suffisamment qu'il ne s'agit rien moins que de substituer, dans l'administration des départemens, les Conseils généraux aux Préfets, l'administration populaire à celle du Roi.

Les Conseils ne peuvent être chargés de l'administration.

Je n'y vois aucun avantage pour le public; et le désavantage pour le pouvoir royal est manifeste.

Je parlerai, plus bas, de nos assemblées provinciales. Quant à l'Angleterre, je me bornerai à rappeler que, dans les comtés de ce pays, tout est exactement à l'opposé de nos départemens : depuis des siècles, c'est toujours même circonscription, mêmes familles, même hiérarchie, même reconnaissance de supériorités, même esprit de localité. Dans nos départemens, au contraire, limites, hommes, fortunes, opinions, tout y est changé depuis quarante ans; aucune supériorité reconnue, aucune disposition à en admettre; il n'y a que celles qui sont imposées par la nécessité ou par l'autorité : point d'esprit public pour le bien-être des localités; nos Conseils ne sont pas assidument suivis, et les intérêts publics n'y sont que très-froidement et très-faiblement défendus.

Nous avons fait, et il n'y a pas long-temps, l'expérience du peu de bien qu'on peut se promettre des assemblées administratives : pendant dix ans, de 1790 à 1800, qu'elles ont existé en France, où elles étaient presque souveraines, n'ayant eu, pendant quelque temps, que le corps législatif au-dessus d'elles, quel bien leur avons-nous vu faire, et même chercher à faire? Quels regrets ont été laissés lorsqu'on les a vues remplacées par les Préfets? A peine pouvait-on engager les membres à se rendre aux séances; on était souvent embarrassé de se procurer le nombre de signatures nécessaires à la validité d'une délibération : la grande et souvent l'unique affaire de chacun était de faire bien rétablir ou bien entretenir, aux frais publics, le chemin qui conduisait à sa campagne; et la grande affaire de l'ingénieur était de complaire, autant que possible, à tous ces supérieurs : il était malheureux d'en avoir tant.

L'unité est manifestement nécessaire à l'exécution; ceux qui exécutent ne doivent avoir qu'un chef, et il faut aussi qu'une responsabilité réelle

comme morale pèse sur lui. M. de Barante, dans
son livre *des Communes et de l'Aristocratie*, ouvrage qui semble dirigé contre l'autorité administrative du Roi, après avoir insisté pour que les
Conseils fussent élus par les administrés, qu'ils
fussent indépendans et souverains dans leurs attributions, n'en remarque pas moins qu'ils ne peuvent
être chargés de la gestion des intérêts locaux; que
s'ils l'étaient, on verrait disparaître la plus efficace
de toutes les garanties, la responsabilité; que si
l'action leur était remise, les abus de la force seraient plus à craindre, et seraient plus souvent
sans remède.

Quoi qu'on en dise, et c'est très-positif, le public sera beaucoup mieux servi, une plus égale
justice sera faite à tous, au faible comme au fort,
par un fonctionnaire étranger à la localité, responsable et soldé, que par un corps composé de volontaires, même pris parmi les notables du pays :
les bataillons de volontaires sont en général de
mauvaises troupes; ils servent quand ils veulent et à
peu près comme ils veulent. Cessez, dit-on, de donner à vos volontaires administratifs des attributions
fictives et presque dérisoires, et vous verrez si
vous aurez à vous plaindre de leur tiédeur et de
leur nonchalance. Comment, le Conseil municipal
de Toulouse, qui vote et règle annuellement, et
de lui-même, pour un million de dépenses, dépenses auxquelles le Roi ne fait pas pour un cin-

quantième de changemens, n'aurait que des attributions fictives, et n'en aurait point de réelles ? Le Conseil général du même département, qui décrète, chaque année, et de sa pleine et libre volonté, cent trente et même deux cent mille francs d'impositions, qui concourt à cinq cent mille francs de dépenses, n'aurait que des attributions illusoires ? La totalité des impositions levées en France ne suffiraient pas pour satisfaire ceux qui regarderaient tout cela comme rien ou presque rien.

L'action administrative des Conseils préjudicierait au pouvoir royal.

Si immiscer les Conseils généraux dans l'administration ne serait d'aucune utilité pour le peuple, ce serait très-préjudiciable au pouvoir royal, et à la considération qu'il doit avoir dans les provinces. Le Roi ne peut y exercer son pouvoir administratif que par délégation. Lorsqu'il le délègue à un simple mandataire, comme à un Préfet, il peut lui en déléguer ce qu'il veut, le retirer à volonté, révoquer le mandataire du moment qu'il ne se conforme plus à ses ordres ou à ses instructions, tout cela se fait sans obstacle, sans bruit comme sans réclamation. En serait-il de même à l'égard d'un Conseil d'élus du peuple, et même de notables du pays agissant pour le peuple ? Il est évident que toute délégation de pouvoir en serait une véritable aliénation ; il est évident que toute augmentation, dans les attributions des Conseils, ne peut être faite qu'aux dépens de la puissance exécutive, c'est-à-dire, du pouvoir royal : ce serait donc encore une nouvelle concession que le Roi aurait à faire de son autorité? Je ne crois pas qu'en aucun temps il y ait lieu à la faire, et je suis intimement convaincu que ce serait extrêmement impolitique dans l'époque actuelle : l'esprit des Conseils y est évidemment en voie d'empiétement sur le pouvoir royal; et je l'ai remarqué (pag. 149), il est impolitique de faire la moindre concession de son autorité à celui qui tend à l'envahir. Lorsque Louis le Gros faisait très-convenablement des concessions aux communes, elles étaient loin d'en vouloir à son autorité; au contraire, elles militaient ou allaient militer pour elle.

M. Bacot de Romand, dans ses excellentes *Observations administratives*, publiées en 1822, remarque que, dans le temps actuel, il est nécessaire de conserver à l'autorité royale la plénitude de ses droits; et qu'il se garde bien en conséquence de proposer, pour les assemblées provinciales dont il donne le plan, la création de *commissions intermédiaires* chargées d'une portion quelconque de l'action exécutive.

Un Préfet, placé en présence d'un Conseil qui entrerait en partage de ses attributions, y serait absorbé infailliblement; et il serait complètement annullé, s'il était mis dans la moindre dépendance du Conseil. Son supérieur, le Ministre, est à cent et deux cents lieues d'éloignement; il ne surveille pas directement l'usage qui est fait de l'autorité

déléguée; on lui en écrit en partie ce que l'on
veut : mais pour les membres principaux du Conseil, qui sont dans la même ville que le Préfet,
qui le voient journellement, de qui dépend aussi
son agrément et presque son existence dans la
société, ils ne peuvent qu'exercer une grande influence morale sur lui; il cherchera à se les rendre
agréables. Par suite, je crois qu'il est absolument
essentiel, dans l'intérêt du pouvoir royal, de tenir
une limite bien distincte entre les Préfets et les
Conseils généraux, sous le rapport des attributions : la mise en commun tournerait au profit du
Roi dans un département, et à son détriment dans
dix autres. En fait de service, les communications
entre les Préfets et les Conseils généraux me paraissent devoir être principalement officielles; ainsi,
le Conseil examine, par devers lui, et par suite de
la délégation que le Roi lui en a faite, les comptes
du Préfet, et il les transmet au Ministre, leur supérieur commun dans cette circonstance, celui-
ci prononce et fait ses représentations au Préfet,
s'il y a lieu.

On ne peut disconvenir qu'un notable, qui, par
son caractère et sa fortune, jouit de la considération publique dans sa ville, n'ait, malgré le pres-
tige de l'autorité, une supériorité sociale sur le
Préfet, celle de l'homme qui paie, à l'égard de
l'homme qui est payé; placé en contact d'attributions, il voudra user de cette supériorité, et se

subordonner le Préfet. De tels notables existent en grand nombre dans la Chambre des députés ; et c'est peut-être par suite de cette existence, comme du sentiment que je viens de signaler, que cette Chambre, un moment égarée, avait voulu que les Préfets justifiassent devant les Conseils de la somme qui leur est allouée pour leurs frais de bureau, et que les Conseils, après discussion, réglassent leur compte. La Chambre des pairs, par l'organe unanime des membres de la commission du budget, manifesta le désir de voir rapporter une disposition qui pouvait tirer à conséquence, qui, rendant les hommes du Roi dépendans des Conseils, les plaçait dans une fausse position, et devait nuire à la considération que les administrés doivent avoir pour leur premier magistrat : la disposition fut en conséquence rapportée.

En résumé, il me paraît impossible de pouvoir augmenter en aucune manière les attributions administratives des Conseils généraux, sans prendre sur le pouvoir royal et sans lui nuire notablement. Quant aux attributions politiques, je m'en réfère à ce que j'ai dit plus haut, me bornant à observer que, s'il était dangereux d'en donner aux communes, il serait très-dangereux d'en conférer à des Conseils placés plus haut, relativement au trône, ayant tous mêmes intérêts, et ne faisant, pour ainsi dire, qu'un corps en France.

Le Roi nomme directement les membres de ces Conseils. Tout ce que je viens de dire montre, que lors même qu'il y aurait lieu à apporter une modification dans cet ordre de choses, ce ne serait pas le temps de le faire. M. Bacot de Romand le croit ainsi, et il pense qu'ils doivent être nommés par le Roi, sur la présentation du Préfet. Cependant un pareil mode, et c'est celui qui est maintenant suivi, ne me paraît pas entièrement régulier. Les membres des Conseils étant chargés de recevoir les comptes des Préfets, de concourir avec eux à l'allocation des dépenses départementales, ne sauraient, au moins en principe, être à leur nomination; une présentation de trois amis, donne nécessairement lieu à la nomination d'un ami : de plus, ces membres ayant à voter des impôts, d'après les principes de notre gouvernement, me sembleraient devoir aussi émaner en quelque sorte des contribuables, ou venir d'en bas (qu'on me passe cette expression.) Mais la présentation ne saurait en aucune manière être faite par le Conseil lui-même; ce serait le rendre maître absolu de sa composition; ainsi que je viens de le dire, il recevrait toujours un ami, une personne dans ses propres principes, et par suite, dans des principes d'opposition ou d'empiétement, s'il était en opposition ou en voie d'empiéter. Un conseil général de département ne serait-il pas convenablement composé, dans l'intérêt général, 1.º des Maires du département nommés par le Roi ; 2.º d'un député de chaque Conseil municipal du chef-lieu du canton ? Ces députés seraient pris parmi ceux qui payent 300 francs et plus d'impositions directes, et seraient nommés par le Roi, sur une liste double présentée par le Conseil municipal : ils seraient nommés pour six ans, et renouvelés par tiers chaque deux ans. De tels conseillers connaîtraient bien les divers intérêts locaux des départemens ; ils seraient au fait de l'administration publique et indépendans des Préfets : honorés du suffrage de leurs concitoyens, payant une assez forte imposition, ils auraient un titre à représenter leurs intérêts pécuniaires, à voter pour eux des fonds pour les dépenses utiles au pays.

Le Roi demeurerait toujours le maître de dissoudre à volonté les Conseils. Ce ne sont pas des corps constitués, et, d'après notre Charte, ils ne sauraient l'être : pour la coopération administrative, ils sont délégués de la puissance exécutive ; ils concourent à l'administration des propriétés que le Roi est chargé d'administrer ; et dans le vote des centimes facultatifs, ils exercent une délégation de la puissance législative. Or, le Roi est bien le maître de changer ses délégués ; et celui qui a le droit de dissoudre la Chambre qui vote toutes nos contributions, aura bien aussi celui de dissoudre un Conseil qui n'en vote qu'une petite partie.

Sauf le cas de dissolution, je crois que l'on

17

pourrait établir en principe, qu'un membre du Conseil général ne perdrait sa place que par le remplacement légal, au bout de ses six ans d'exercice, ou par sa promotion à la Chambre des députés, ainsi qu'il est statué par l'arrêté du gouvernement du 5 germinal an XII (1804), rendu par suite d'une disposition législative antérieure. Celui qui fait partie d'une Chambre, portion intégrante du gouvernement de l'État, est hors de pair dans un Conseil subordonné : en cessant d'en être membre, il ne cesse pas de servir le département qui l'a députe; il le sert au contraire avec plus de moyens. — Cette disposition est en outre éminemment dans l'intérêt de l'autorité royale. Les membres des Conseils généraux, comme les députés, sont pris parmi les notables ou les hommes les plus influens du pays; si l'on peut cumuler les deux places, un très-grand nombre de ces membres siégera toujours dans la Chambre; de là les demandes qui y seront continuellement faites, et les résolutions qui pourront y être prises, à l'effet d'étendre leurs attributions, de restreindre celles du délégué du Roi; résolutions dont nous venons de citer un exemple. Il ne sera pas difficile de persuader à une telle Chambre que c'est aux notables des départemens que les administrations départementales doivent être remises; plusieurs députés jugeraient dans leur propre cause; et, après avoir partagé la souveraineté dans la capitale une moitié de l'année, ils iraient l'exercer dans les provinces durant la seconde moitié. Que seront les Préfets devant de tels membres du Conseil général ? Ceux-ci devaient contrôler leurs actes, et souvent ils les dicteront. Un Préfet osera-t-il défendre, fortement et franchement, contre de tels antagonistes, l'autorité que le Roi lui avait confiée ? Il se hasarderait beaucoup : en cas de contestation, il pourrait bien ne pas trouver toujours un inébranlable appui auprès du Ministre, son supérieur ; on l'a dit, un député, et sur-tout un député influent, est, auprès des Ministres, une *nécessité* qu'il faut satisfaire.

Je dis quelques mots des motifs d'un ordre que j'ai peine à bien concevoir, et que l'on allègue pour donner une nouvelle existence aux Conseils généraux. Il faut, dit-on, fonder en France une aristocratie : elle seule a conservé les grands États, les grandes Monarchies : les aristocrates, ce seront les riches propriétaires des départemens ; on leur en remettra l'administration, les justices de paix, les sous-préfectures, etc. Je me suis expliqué ailleurs (pag. 204) au sujet de cette prétendue aristocratie des richesses ; et je crains bien que les raisons alléguées ne soient que l'effet d'une ambition intéressée se couvrant de grands mots. Au reste, si je ne sais trop ce que c'est que cette aristocratie, je sais bien ce que sont les notabilités et le cas qui doit en être fait : je pense, malgré quelques inconvéniens, que le Roi, dans la nomination des

Motifs allégués pour changer l'ordre actuel.

administrateurs et des membres des administrations locales, doit arrêter son choix, indépendamment du degré de confiance que peut lui inspirer le caractère personnel des individus, sur ceux qui, par leurs qualités personnelles, leur naissance et leur fortune, sont principalement en possession de la considération publique ou les plus propres à se l'attirer. La politique ombrageuse de Louis XI, *naturellement ami des gens de moyen état* (dit Commines), n'est pas dans les mœurs françaises, et ne me paraît pas devoir être celle de nos Rois.

Les Conseils généraux, dit-on encore, seront comme des écoles où se formeront les membres des Chambres législatives. Abondant dans un même sens, d'autres ont voulu aussi faire entrer les jeunes gens dans la Chambre des députés, qui deviendrait comme une pépinière d'hommes d'état. Qu'on me permette de ne pas vouloir faire une école de la plus importante de nos institutions, et de ne pas désirer que l'on mette entre les mains d'écoliers les plus hauts intérêts de la patrie, et ceux de la royauté.

Un autre, disant que dans un gouvernement représentatif on doit accoutumer les citoyens à la discussion des affaires publiques et des intérêts du pays, veut qu'on rende publiques les séances des Conseils généraux. Mais ces Conseils ne sont assemblés que durant quinze jours dans l'année : mieux vaudrait, conséquemment au principe avancé, rouvrir des clubs en France.

Je désire aussi qu'on améliore notre mode d'administration ; mais sans aller chercher mes moyens dans des sphères aussi élevées, je voudrais qu'une bonne ordonnance royale, établissant des règles pour les nominations, garantît, autant que possible, le choix de bons administrateurs. Par exemple, que pour être Préfet, il fallût, 1.º être étranger au département ; 2.º avoir plus de 35 ans ; 3.º avoir été, pendant trois ans au moins, ou Député ou Maître des requêtes ou Sous-Préfet. Que pour être Sous-Préfet, il fallût, 1.º être né ou domicilié dans l'arrondissement ; 2.º y avoir été Maire pendant trois ans ; 3.º être âgé de plus de 30 ans : etc., etc. De telles règles pourraient, ainsi que je l'ai dit en parlant du choix des Maires, ne pas convenir dans un gouvernement ministériel ; mais elles sont évidemment dans l'intérêt public et dans celui du Roi, lequel, encore sur ce point, ne saurait être différent : le Roi n'a nul intérêt à ce que Pierre plutôt que Paul soit Sous-Préfet à Muret, il n'aura aucun rapport avec lui ; mais il doit désirer que ce soit un bon administrateur. Un Sous-Préfet doit être du pays, en partie parce que le Préfet n'en est pas ; il doit bien connaître les localités et y être bien connu : c'est le vrai chef des Maires. Que sont les Maires d'un grand nombre de communes rurales ? Des paysans *illitérés*, souvent, pour les avis à donner, à l'entière disposition d'un *praticien* du bourg voisin, qui est secrétaire

de la commune, ou même à la disposition de quelque petit bourgeois du lieu. L'autorité supérieure,
avant de prononcer sur des questions qui intéressent plus ou moins directement les habitans d'une
commune, demande l'avis du Maire; mais un tel
avis, d'après ce que j'ai dit, et d'après ce que
l'expérience m'a appris, ne doit être un motif dé-
terminant que lorsqu'il est approuvé par une personne d'un ordre supérieur, et connaissant aussi
les intérêts locaux; en un mot, par le Sous-Préfet.

Des Conseils d'arrondis-sement.

JE devrais bien aussi traiter d'une autre sorte de
Conseil administratif, des Conseils d'arrondissement, et j'ai l'honneur d'être membre d'un tel
Conseil. Mais je suis si honteux de la presque nullité de leurs attributions, et si embarrassé lorsque
je voudrais en demander de réelles, que je n'ose
en parler. Nous avons, 1.° à répartir, entre les
communes, les contributions de l'arrondissement;
mais la disposition des lois relatives au cadastre ne
permet pas de rien changer pour les communes
déjà cadastrées, ni pour les autres par rapport à
elles; ainsi la répartition est un travail mécanique
qu'on abandonne à un commis de la préfecture.
2.° A donner des avis sur l'état et les besoins de
l'arrondissement à un Conseil général en partie
composé des habitans de l'arrondissement, et qui
en conséquence sont plutôt mus par leurs propres

connaissances que par les nôtres dans les décisions à prendre ; ce qui est assez naturel.

Placés, au Conseil de l'arrondissement de Toulouse, entre un Conseil général qui dispose de près de cinq cent mille francs, et un Conseil municipal qui dispose d'une somme presque double, nous voudrions aussi pouvoir disposer de quelque chose, et nous demandons qu'il nous soit aussi donné le droit de voter quelques centimes. Mais, il y a déjà tant de centimes votés en France, et tant de personnes qui les votent, que nous craignons bien que notre demande ne soit pas octroyée. Les centimes qui étaient autrefois à notre disposition sont maintenant centralisés au Conseil général : il ne demandera pas qu'ils nous soient rendus ; on aime à décentraliser le pouvoir d'autrui, et à centraliser le sien ; il en a toujours été à peu près ainsi.

Art. ii. *Des Provinces.*

Les difficultés que présentent les changemens qu'il pourrait y avoir à faire dans notre administration départementale, me paraissent augmenter encore, lorsque je vois l'opinion de personnes influentes dans la Chambre des députés se reporter vers nos provinces et leur ancienne administration. Voyons ce qui en était, et ce qu'on peut maintenant en espérer (1).

_____

(1) J'ai vu produire l'idée des administrations provinciales, en 1816, d'une manière trop caractéristique de la position d'un parti, par rap-

Nous avons vu toute la France divisée, par suite du régime féodal, en duchés, comtés, etc., qui, en se groupant par l'effet des alliances ou des conquêtes, ont formé nos anciennes provinces. Chaque seigneur vivait de son domaine et ne pouvait *tailler* que ses paysans ; toutes les fois que le Chef ou souverain d'un pays avait besoin de subventions pécuniaires, il les demandait aux prélats, aux sei-

---

port à l'autorité royale, pour ne pas rapporter ce fait. A cette époque, un journal du Midi se plaignant de ce que le gouvernement n'abondait pas dans le sens de la majorité de la Chambre de 1815, et voyant l'opinion de son pays assez favorable à la sienne, disait : « En définitive, qu'est-ce qu'il nous faut ? Une bonne Chambre des députés, de bonnes administrations provinciales et une bonne garde nationale. » Deux ans après, un journaliste de Grenoble, d'un bord politique opposé, et lorsque son parti semblait reprendre le dessus, demandait aussi, et sur-tout, une bonne Chambre des députés, de bonnes administrations départementales et une bonne garde nationale. Ainsi, les deux journalistes, échos des deux partis, ne différaient qu'en ce que l'un, par haine pour la révolution, voulait détruire la division de la France en départemens, et l'autre, par affection, voulait la conserver. D'ailleurs, ils étaient d'accord pour le fond : au moment où chacun des deux était en position, ou plutôt se croyait en position d'établir sa domination sur l'autre, il voulait se débarrasser du Roi : il n'en voulait plus, ni comme législateur, ni comme administrateur, ni comme disposant de la force publique, au moins dans l'intérieur. Effectivement, le Roi est un obstacle à la domination d'un parti : il modère celui qui tend à prendre le dessus, et empêche que l'autre ne soit opprimé ; il veut que personne ne soit foulé, que les lois et l'action publique protègent tous les citoyens. Ai-je donc tort de dire qu'en France le Roi est le représentant de l'intérêt général ; qu'il importe, dans cet intérêt, qu'il agisse, autant que possible, d'après lui-même et indépendamment de tout parti, disposant à cet effet, et dans sa sagesse, des moyens d'action que la constitution a mis dans ses mains ? Tout le fond de mon ouvrage est dans ce peu de lignes.

gneurs des divers ordres du pays, et aux habitans
des villes, convoqués en assemblée ou *états* : telle
est, a-t-on remarqué, l'origine de ces assemblées
provinciales qui couvraient toute l'Europe déjà
dans le 13.e siècle, et sans le vote desquelles aucun
Souverain ne pouvait lever des impôts dans ses
États. En 1254, Saint Louis, depuis peu maître
d'une partie du Languedoc, et faisant droit aux
réclamations des habitans, ordonne qu'ils conti-
nueront à pouvoir exporter leurs grains, et que
dans le cas où une défense à cet égard serait nécessaire, son Sénéchal ne pourra l'ordonner qu'a-
près avoir pris l'avis d'un Conseil, où il aurait appelé
quelques prélats, barons, chevaliers et députés des
bonnes villes (1). Pareille composition d'états est
exactement la même que celle qui exista quelques
années après en Angleterre, où les communes ne
furent appelées que vers 1260, par le duc de Ley-
cestre, fils du fameux Simon de Montfort, et un
des plus méchans hommes qui aient existé : peut-
être les y appela-t-il d'après ce qu'il avait vu en
Languedoc, où de temps immémorial elles assis-
taient aux états ; il les appela au parlement pour
l'aider dans les démêlés qu'il avait, à la tête des ba-

(1) *Congreget Senescallus concilium non suspectum, in quo sint
aliqui de prælatis, baronibus, militibus et hominibus bonarum
villarum, cum quorum concilio faciat interdictum ; et semel factum,
absque concilio consimili non dissolvat.* L'historien du Languedoc,
Dom Vaissete, regarde cette charte comme le plus ancien monument
de la forme des états de cette province.

rons, avec le Roi. En France, au contraire, c'est
le Roi qui les a prises, comme auxiliaires, dans ses
différends avec les seigneurs ; et c'est peut-être
cette première différence dans la direction donnée
au peuple, chez les deux nations, qui a produit
la différence dans la forme de leur gouvernement.
J'ai peine à croire, malgré ce qu'en disent les publicistes modernes, que notre lot ait été le plus
mauvais, et je crois que sans prévention, et som-
mant tous les faits, depuis l'origine que je viens
d'indiquer jusqu'à la destruction de notre ancien
gouvernement, l'avantage reste aux Français,
quant à leur bien-être et à la gloire de la nation.

Les États prirent plus ou moins de consistance
et d'importance dans les diverses parties de l'Europe, suivant les circonstances locales et la force
des communes. Nous venons de voir que sous
Saint Louis, en Languedoc, sauf le droit d'imposer
qui était très-positif, ils n'avaient que voix con-
sultative. Ailleurs, comme en Flandres, où le
commerce avait procuré de grandes richesses, et
par suite une grande influence aux villes, ils étaient
tout-puissans : ils tenaient leurs Souverains en
tutelle : en 1478, sous les yeux de Marie de Bourgogne, ils font trancher la tête de ses deux fidèles
Ministres; ils se révoltent contre le puissant Charles-
Quint; et, sous Philippe II, son fils, une partie
du pays secoue le joug de l'obéissance.

Les premières provinces qui furent réunies à la

couronne de France (dont elles avaient été détachées) n'eurent point d'états particuliers, soit que cette institution n'y fût pas bien assise au moment de la réunion, soit qu'on usât à leur égard du droit de conquête. Mais la plupart de celles qui le furent par la suite, les diverses parties du Languedoc, le Dauphiné, la Bourgogne, la Bretagne, le Béarn, la Flandre, l'Artois, etc., par les traités de paix ou d'alliance qui consommaient leur réunion, obtinrent la confirmation de leurs priviléges et la conservation de leurs États. Ceux de Bretagne, qui intervinrent eux-mêmes dans le traité de réunion, gardèrent presque tous leurs anciens droits, et ils étaient grands.

J'ai démontré combien un tel état de choses était avantageux à la conservation des droits des pays et des citoyens. Les domaines de la maison d'Autriche en mettent encore sous nos yeux un exemple remarquable.

Note. Je circonstancie cet exemple. Ces domaines sont un assemblage des royaumes de Hongrie et de Bohême, de la Moravie, de la Transylvanie, de l'archiduché d'Autriche, du Tyrol, etc.; chacun de ces pays a ses états qui l'administrent pleinement, et même sa constitution particulière, ses lois, son langage quelquefois différent de tout autre, ses magnats, ses grands, etc. Dans un tel ordre de choses, le souverain est plus assuré sur son trône; si l'insurrection gagne un pays, on lui oppose les autres. Les peuples, de leur côté, sont bien moins exposés aux caprices du pouvoir : il passe par trop, et par de trop différentes filières, pour arriver dans toute son intensité jusqu'à eux; on y a moins à craindre et les velléités d'un Ministre, et les déprédations des ressources publiques; il faut employer un langage et des formes absolument différentes pour obtenir de ces diverses nations et des hommes et de l'argent. Aussi, malgré les apparences, cet assemblage de parties hétérogènes a plus de consistance et plus de moyens de stabilité que des états plus homogènes. Ajoutez encore la nature aristocratique du gouvernement, du cabinet central : il est formé, en grande partie, et essentiellement, de petits princes allemands, hongrois, etc.; des Kaunits, Colloredo, Metternich, Esterhazy, etc., tous également intéressés au maintien de l'ordre social existant : l'atmosphère d'opinions qui s'exale d'un tel conseil, enveloppe le souverain, neutralise son caractère personnel, et donne au gouvernement une constance de vues, une persévérance de conduite qui ne l'abandonne point, même au milieu des fortes secousses et des grands revers : nous l'avons vu, soutenant pendant plus de vingt ans la guerre contre nous, éprouver des défaites totales, et se relever ensuite, toujours avec le même esprit et la même politique, atteindre le but vers lequel il marchait, sans éclat à la vérité, mais avec discernement et circonspection, et finalement se conserver et s'agrandir. Un tel cabinet ou ministère a ici un effet qu'on dit appartenir presqu'exclusivement au gouvernement représentatif, et qui n'y est peut-être, à Londres comme à Vienne, qu'un effet de la domination naturelle d'une forte aristocratie; cet effet est de rendre le gouvernement de l'état presque indépendant du caractère individuel du prince; de faire qu'il est à peu près aussi fort sous un Monarque faible et même nul. La politique de l'Autriche et le fond du système de son gouvernement a été à peu près le même, sous la sage Marie-Thérèse, sous le fougueux Joseph, sous le pacifique Léopold et sous le faible François. C'est cette consistance du gouvernement autrichien et son éloignement pour les novateurs qui le mettent si fort en butte à la secte révolutionnaire : elle nous présente sans cesse, comme l'exemple le plus malheureux d'un de ces despotismes militaires qui oppriment les peuples, un gouvernement très-doux, ne levant que de faibles impôts, où le prince gouverne plutôt en père qu'en Roi, et auquel les sujets (je ne parle pas de ceux des provinces italiennes) sont fort attachés. — Fouché, gouverneur de la partie de l'Illyrie que nous avions soustraite à la domination autrichienne, était frappé de cet attachement. Par la force des armes, nous en avons, pendant quelque temps, séparé le Tyrol; quelle peine n'avons-nous pas eu à opérer et à maintenir cette séparation; et avec quel empressement n'est-il pas rentré sous cette domination dès que la contrainte a cessé? Voilà des faits positifs. Celui-ci ne l'est pas moins. Deux fois nous avons défait complètement les armées autrichiennes, et pris possession du siége de la monarchie : nous avons appelé les Hongrois à l'insurrection; et les Hongrois, comme les habitans de la Bohême, de la Carinthie, et des autres pays, ne se sont levés que contre nous. En 1804, nous avons dispersé les restes de leurs troupes, évacué les arsenaux; et en 1809, ils nous ont attaqué avec cinq cent mille hommes, une artillerie formidable, et ils ont balancé la victoire à Esling et à Wagram. Si Bonaparte, à la tête de ses armées, avait aussi deux fois traversé l'Angleterre, il y aurait certainement trouvé un plus grand nombre d'ennemis du gouvernement anglais, et il y aurait fait bien plus facilement une révolution politique; qu'on se rappelle le débarquement du général Humbert en Irlande, et les projets bien arrêtés des radicaux en Angleterre. Tout ce que je viens de rappeler prouve, sans réplique, un grand fond de stabilité, ainsi que la force et par suite, la bonté de la constitution de l'empire autrichien.

Mais la France, avant la révolution, ne jouissait que très-imparfaitement des avantages résultant de la diversité et de la spécialité des droits des provinces : il n'y avait guère qu'un quart du pays qui eût des états particuliers. Ces états, qui en faisaient des territoires réellement privilégiés, payant moins d'impôts, étaient l'objet des réclamations des autres parties du royaume.

Nature de l'avantage des états provinciaux. Les pays d'états étaient généralement mieux administrés que les autres. C'était sur-tout parce qu'ils faisaient eux-mêmes des fonds spéciaux pour satisfaire aux dépenses de leur administration intérieure, tandis que les autres parties du royaume n'avaient guère d'autre ressource qu'un trésor public obéré, ne pouvant même suffire aux dépenses générales, à celles de premier intérêt. Voilà la principale cause de la différence, et non, comme je l'entends si fréquemment dire, parce que le pays s'administrait et par ses notables, et par des députés réellement indépendans. Comment étaient composés nos états du Languedoc, pays le mieux administré de la France ? Des Archevêques et Évêques des 23 diocèses ; des possesseurs de 23 baronnies donnant entrée aux états, une par diocèse ; et de 68 députés des villes : c'étaient les Maires des villes épiscopales et de quelques autres ; la plupart d'entr'eux étaient nobles. Bien qu'on opinât par tête dans ces états, les députés des villes n'y avaient presqu'aucune influence ; les barons peu ; chaque Évêque en avait assez pour ce qui intéressait particulièrement son diocèse : mais, en définitive, pour tous les grands objets, l'Arche-

vêque de Narbonne, Président, et l'Archevêque
de Toulouse, Vice-Président, assistés des syndics
généraux, faisaient presque tout. Ainsi, de fait,
notre pays était administré par deux étrangers,
qui n'y résidaient même pas. Que notre démocratie et même notre aristocratie ne se glorifient
donc pas du bien que la province a reçu de son
ancienne administration. Les élémens d'une telle
composition n'existent plus : pour obtenir le même
effet, qu'on ne réclame donc plus la même cause,
ou une cause pareille; on ne peut l'avoir.

Nous avons d'ailleurs, à côté, un exemple de ce
que peut faire aussi, pour le bien du pays confié
à ses soins, un administrateur délégué du Roi.
Dans une province, la Gascogne, dénuée de
presque toute ressource pécuniaire (et le Languedoc
en avait beaucoup), ayant à lutter, dans ses
bonnes intentions, contre l'opinion générale de ses
administrés et contre la grande autorité locale,
le parlement de Bordeaux, M. l'Intendant d'Étigni
a traversé, en peu de temps, de belles routes, une
contrée qui les repoussait, et par les préjugés de
ses habitans et par les difficultés résultant de la
nature du sol; il y a fait plusieurs établissemens
utiles : *Les pères me maudissent, les enfans me
béniront,* disait ce vrai modèle des administrateurs,
cet homme courageux, plein du sentiment de son
devoir et du désir d'opérer le bien public : son
attente n'a pas été trompée, et le pays, pénétré

de reconnaissance et d'admiration, lui a élevé naguère une statue dans le chef-lieu de son intendance, à Auch : il avait plus fait pour sa généralité, en matière administrative, que les états de Bretagne pour leur pays.

Mais peut-on rétablir les provinces ? Peut-on les prendre pour base d'une circonscription administrative ?

Certainement, il faut les remettre, dans l'instruction publique et privée, sous les yeux de la jeunesse ; car on ne peut lire l'histoire de France sans savoir ce qu'était la Bourgogne, la Provence, etc. Il faut encore les rétablir politiquement, autant que possible ; je l'ai dit, c'est un moyen de donner plus d'intensité au patriotisme ; on se faisait gloire d'être Breton ou Béarnais, et jamais on ne se fera gloire d'être du département de l'Ille-et-Vilaine ou des Basses - Pyrénées. Bonaparte lui-même, à une époque où il voulait agir par tous les moyens possibles sur le cœur des Français, et pour qu'ils fussent plus Français, voulut aussi qu'ils fussent Normands, Bretons, etc. Je le veux aussi, moi, que ravit tout sentiment patriotique, tout amour de son pays. Je voudrais que l'on rendît encore, à nos régimens, ces noms qu'ils étaient jadis si glorieux de porter (Auvergne, Navarre, Picardie), et qui, sous tous les rapports, étaient plus convenables que de froids numéros, triste imitation d'un usage anglais.

Observations sur le rétablissement des provinces.

Mais, d'un autre côté, la circonscription des provinces ne peut servir de base à celle de l'administration du royaume : leur étendue est trop inégale ; la Bretagne constitue cinq de nos départemens, le Béarn n'en forme pas un, et le comté de Foix la moitié d'un. Par ce motif, sous Louis XIV, lorsque l'administration commença à se compliquer, on fut obligé d'introduire une division administrative : ce fut celle par généralités ou intendances.

M. Bacot de Romand propose d'y revenir ; et d'après un plan qu'il a développé, en administrateur expérimenté, il coordonne tout le système de notre administration à 29 intendances (il y en avait autrefois 32), lesquelles remplaceraient nos 86 départemens. Mais il sent lui-même que l'exécution d'un tel projet doit être ajournée. Quant à moi, malgré les très-bonnes raisons données par l'auteur en faveur de son plan, je doute qu'elles soient assez prépondérantes pour décider au changement, au moins de bien long-temps encore. L'administration est faite pour les administrés ; et c'est un avantage incontestable pour eux de l'avoir aussi près que possible : chaque pays, en outre, tient beaucoup à posséder, dans son intérieur, le chef duquel il doit ressortir. Ce qu'on dit de l'économie opérée par la réduction des départemens, me paraît une faible raison ; cette économie serait faite contre le gré de ceux en faveur de qui elle

18

tournerait : si l'on assemblait les 57 Conseils généraux des départemens à supprimer, je ne doute
pas qu'ils ne se chargeassent de payer seuls le sur-
plus de la dépense occasionnée par le maintien de
la division administrative actuelle, afin de conserver, au milieu d'eux, le centre de leurs affaires,
et leur petite existence politique.

Conclusion.

Il résulte de ce qui a été exposé dans ce chapitre,

1.º Que le régime actuel suffit pleinement aux
besoins de l'administration dans nos départemens :
— L'exécution confiée à un fonctionnaire unique
et responsable, délégué du Roi ; — pas la moindre
dépense faite, et arrêtée par l'administrateur suprême du royaume, qu'au préalable, un conseil
général composé de notables du département,
n'ait émis son avis, et n'ait lui-même présenté,
dans tous ses détails, l'emploi qu'il croit devoir
être fait des fonds affectés aux dépenses publiques
qui concernent principalement le département ; —
en cas d'insuffisance de ces fonds, le conseil en
vote directement, jusqu'à un terme fixé par la
puissance législative : (et ce qui est même fort
extraordinaire, l'affectation qu'il fait des fonds
votés à des objets d'intérêt public, est soustraite à
la révision royale.)

2.° Que tout changement à ce régime actuel, et particulièrement toute augmentation dans les attributions du conseil général, serait sans avantage public; les biens à gérer ne seraient pas mieux soignés, et les administrés n'y auraient aucun profit; d'un autre côté, cette augmentation serait préjudiciable à l'autorité royale, et ruineuse de l'influence qu'elle doit avoir dans les départemens; elle serait attentatoire à notre système constitutionnel. Le régime municipal couvrant, ou devant incessamment couvrir toute la France, donnera toute l'influence possible aux citoyens dans l'administration des biens communs et des intérêts réellement spéciaux, ceux de la cité et de la commune : au-dessus, il n'y a plus que des intérêts publics, des propriétés publiques, et la Charte en donne l'administration au Roi.

Si les circonstances montraient la nécessité de quelque amélioration, ce serait à la puissance exécutive à la faire; elle serait du domaine de l'ordonnance, sauf toutefois ce qui concerne le vote des impôts.

Au reste, l'état de la question est bien connu du gouvernement. En 1824, le Ministre de l'intérieur répondant à des demandes qui étaient faites dans la Chambre des députés, disait : « Quelle » autorité entend-on donner aux administrations » provinciales? Entend-on les rendre indépen- » dantes du Roi, qui est l'administrateur suprême

» du royaume ? on n'a pas réfléchi aux consé-
» quences. Dans l'ordre constitutionnel, les admi-
» nistrations départementales n'appartiennent pas
» aux provinces, mais au Roi. Le Roi a fait un
» grand sacrifice utile au pays, en partageant l'au-
» torité législative avec deux Chambres. Mais
» quant à l'administration du royaume, le Roi en
» est le chef suprême, il ne reconnaît aucun par-
» tage. » Certainement, le fond d'une telle réponse
avait été arrêté dans le Conseil du Roi.

La Chambre des pairs a également manifesté ses
doctrines ; elle a improuvé et fait rapporter une
décision préjudiciable à l'autorité administrative
du Roi. Sa jurisprudence est établie : ayant aussi
à assurer le maintien de la constitution du royaume,
et des prérogatives royales en particulier, elle
rejettera toute proposition contraire à ces prérogatives, en matière administrative, que l'on doit
s'attendre à voir émaner quelquefois de la Chambre
des députés, c'est-à-dire, de la partie démocratique du gouvernement.

FIN DE LA SECONDE ET DERNIÈRE PARTIE.

TABLE DES CHAPITRES.

SECONDE PARTIE.

CONSIDÉRATIONS SUR LES ADMINISTRATIONS LOCALES.

FIN DE LA TABLE.

TOULOUSE. — IMPRIMERIE de J.ᴺ M.ᴱᵁ DOULADOURE.

www.ingramcontent.com/pod-product-compliance
Lightning Source LLC
Chambersburg PA
CBHW070757270326
41927CB00010B/2185